본격 시사인만화 2

본격 시사인 만화 2

초판 1쇄 발행 2012년 8월 30일

지은이 · 김선웅
펴낸이 · 표완수
편집인 · 문정우

펴낸곳 · ㈜참언론 시사IN북
출판신고 · 2009년 4월 15일 제 300-2009-40호
주소 · 100-858 서울시 중구 충정로 27 가톨릭출판사빌딩 신관 3층
주문전화 · 02-3700-3256, 02-3700-3250(마케팅팀), 02-3700-3255(편집부)
주문팩스 · 02-3700-3209
전자우편 · book@sisain.kr
블로그 · book.sisain.co.kr

· 시사IN북은 시사주간지 〈시사IN〉에서 만든 출판 브랜드입니다.
· 이 책은 저작권법에 따라 보호받는 저작물이므로 무단 전재와 무단 복제를 금지하며,
  이 책 내용의 전부 또는 일부를 이용하려면
  반드시 저작권자와 시사IN북의 서면동의를 받아야 합니다.
· 잘못된 책은 바꾸어 드립니다.
· 책값은 뒤표지에 있습니다.

ISBN 978-89-94973-11-1 07300

굽시니스트의
MEMORY OF 2011~2012

본격 시사인 만화 2

 **머리말**

어찌어찌 2권이 나오게 되었습니다. 좋은 타이밍에 나오는 거죠. 5년에 한 번 돌아오는 최고의 정치흥행 대선정국이잖습니까. 이 만화 주인공인 이 대통령 각하의 임기가 끝물이라는 점이 조금 아쉽긴 하지만, 이제 새로운 주인공들에게 자리를 넘겨주셔야죠. 그래도 '가카' 칭호만큼은 이 대통령 각하께 봉헌하여 달리 쓰이지 않도록 하겠습니다.

2권을 읽고 계신 독자분이라면 1권도 보셨을 가능성이 높겠습니다. 하면 1권 머리말에서 언급한 이 만화의 컨셉에 대해서는 이미 숙지하고 계시리라 사료됩니다. 정치적으로는 편향되고 기호적으로는 특정 취미영역에 몰두하는 문제 많은 만화라는 거죠. 그럼에도 불구하고 다시 2권을 선택해주시다니 참으로 감사드립니다.

이 만화에 대해 말해볼 것 같으면, 2페이지짜리 만화 안에서 굽시가 세상만사 다 통찰하고 있다는 듯이 잘난 척하고 있지만, 그건 그냥 만화적 허세일 뿐이지 말입니다. 하루 종일 컴퓨터 앞에 앉아 허송세월하는 방구석 폐인이 세상을 논하다니 기가 찰 일이지요.
난해한 세상의 미로에 던져진 우리는 옳은 길을 찾아 헤매고 있습니다. 깜깜한 어둠 속에서 손으로 벽을 더듬어 길을 짐작할 뿐이지요. 간혹 앞서 간 사람들이 남긴 발자취가 도움이 되곤 하지만 이 흐린 눈으로는 그마저도 찾기 힘듭니다.

그렇게 어둠 속에서 더듬거리는 손끝이 그려낸 만화를 염치 무릅쓰고 세상에 내보이고 있습니다. 지난한 길찾기의 여정에 함께 헤매고 있는 만화가 있어 모두에게 미약한 응원이라도 될 수 있기를 바랄 뿐입니다.

매주 미욱한 생각의 업을 원고지에 그려 쌓아나가기가 벌써 햇수로 3년째. 이걸 자르지 않고 꼬박꼬박 받아주신 〈시사IN〉 데스크와 매주 너그러이 보아 넘겨주신 〈시사IN〉 구독자분들의 아량에 대한 감사, 이루 말할 수 없습니다. 부디 더 제대로 된 작품으로 보답할 수 있을 때까지 자르지 말고 기다려주세요.

그런데 내년에는 뭘 그리나…….

2012년 8월 굽시니스트

차례

머리말 • 4

정치적 정체성을 깨달은 아이 • 9
바이 프린세스 • 13
진달래 혁명을 기다리며 • 17
가카노사의 굴욕 • 21
부끄러war • 25
힘내라 일본 • 29
그녀가 돌아왔다 • 33
책임정치 • 37
김해대전 • 41
어떤 대학의 개혁 목록 • 45
너에게 • 49
내 생애 최고의 가카 • 53
5월에는 4컷 만화 • 57
평행우주 • 61

장관색 패기 • 65
마지막 총회 • 69
교육의 의무는 대졸까지 • 73
유사무상 무상급식 • 77
Oh My Gaka • 81
고마워 다 핵이야 • 85
그날 찍을 후보의 이름을 우리는 아직 모른다 • 89
오세이돈 어드벤처 • 93
관계 속에 내가 있다! • 97
가카의 게임 • 101
시장 오세훈 송가 • 105
제갈공명박 • 109
무당파 백신대협 • 113
타는 목마름으로, 자유민주주의여! • 117
싸움의 층위 • 121
가카의 움직이는 성 • 125
평행세계 • 129

나경원의 꼼꼼한 수다 • 133
해변의 KAFTA • 137
엔트로피를 향하여 • 145
Pax Sinica • 149
메인스트림트루퍼스 • 153
각자의 통합 • 157
쇄신을 신고 뛰어보자 팔짝 • 161
제9제국 • 165
bye bye 뽀글이 • 169
메리 가카리스마스 • 173
대표 후보 9인 열전 • 177
바람계곡의 그네공주 • 181
간판세탁 • 185
비데위의 문예부흥 • 189
해를 품은 당 • 193
작은 가카 이야기 • 197

단일화잇힝 • 201
빅게임 참가 자격증 • 205
화씨 411 • 209
로켓 한 기 • 213
사찰게이트 • 217
4·11-멘붕절 • 221
소돔과 청와대 • 225
제각각의 내홍 • 229
좋은 날 • 233
이 계절에는 마가 끼었어 • 237
G아블로 • 241
김정일 개객기 • 245
제독의 결단 • 249
백살공주와 일곱 난쟁이 • 253
i-coup d'état • 257

정치적 정체성을
깨달은 아이

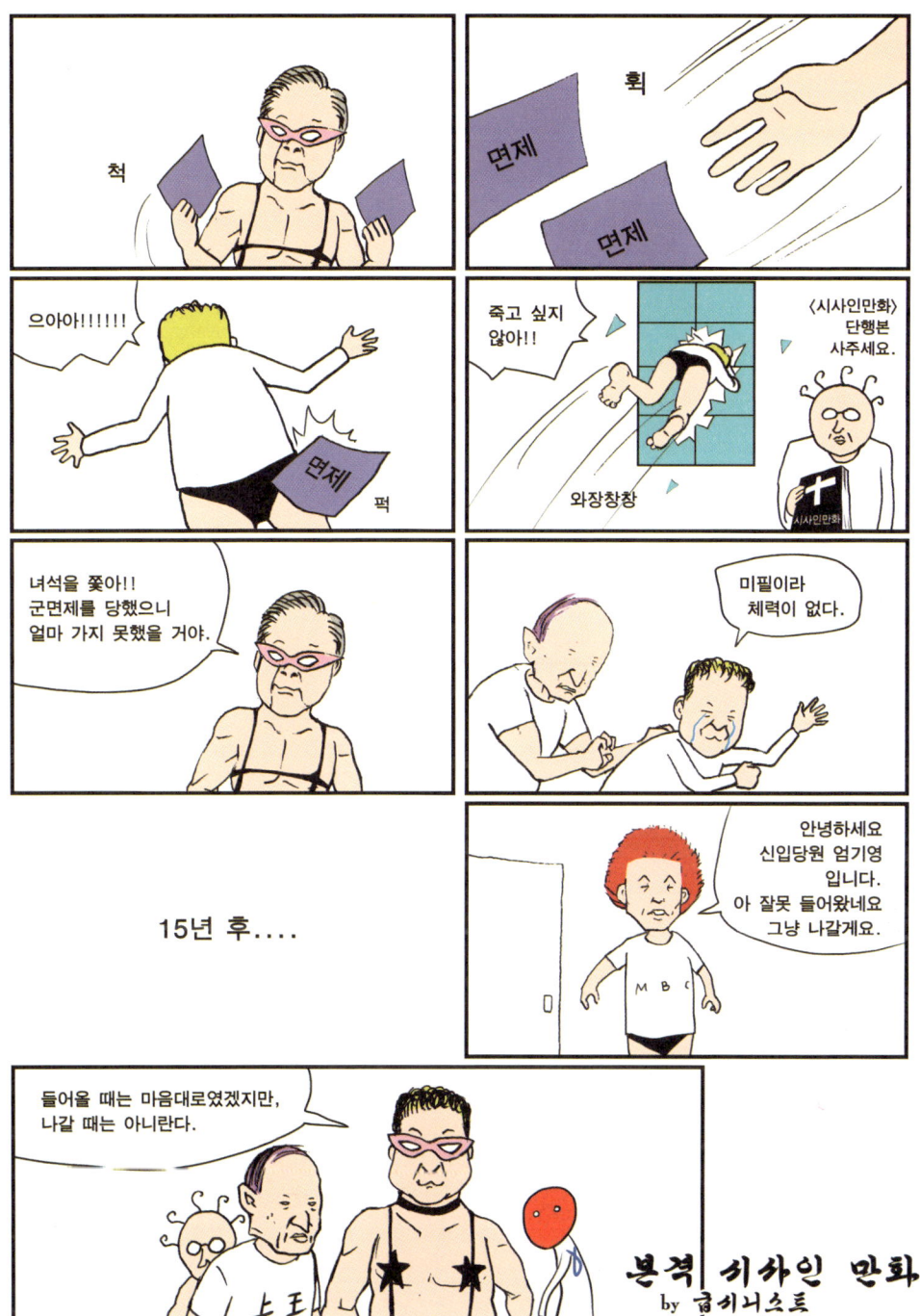

굽시니스트의 못다 한 이야기

- 재야 만화가 엉덩국의 〈성정체성을 깨달은 아이〉라는 만화가 한때 인터넷 천하를 휩쓴 시기가 있었습니다.

비록 성적 소수자를 비하했다는 혐의가 있긴 했지만, 만화 자체를 놓고 볼 때 그 내용은 가히 시대의 지표성을 지녔다 하겠습니다. 스스로의 자각이라 믿는 어떤 지향성에 대한 믿음과 그로 인한 잘못된 선택, '들어올 때는 마음대로였지만 나갈 때는 아니란다'라는 대사로 대표되는 집단문화의 부조리, 그리고 결국 피해자가 가해자의 위치에 서게 되며 되풀이되는 비극은 현대사에 대한 조롱에 다름 아니라 하겠습니다.

이 만화는 인터넷상에서 다양하게 패러디되었는데, 거기에 저도 숟가락을 얹어 양심검사이자 인권변호사였던 안상수 전 한나라당 대표의 이야기로 엮어 그렸습니다.

바이 프린세스

2011년 2월 12일

굽시니스트의 못다 한 이야기

2011년 초, 대통령이 조선 황실 대정봉환(大政奉還) 계획을 발표하고 거기에 재벌가가 돈을 대고, 이를 위해 황실의 후손인 김태희를 공주로 모셔와 보위에 앉힌다는 이야기가 MBC의 수목드라마로 방영되었습니다.

으하하하하하하하하하하하하하하

김태희를 공주님으로 모시는 군주제라면 괜찮을 것 같다는 생각도 들긴 하지만, 현실의 공주님은 근혜 아줌마. 정권교체를 노리는 야당에게는 가장 거대한 장벽, 도저히 쓰러지지 않는 최종보스십니다.

지금 가카에게도 공주님의 즉위는 악몽이지요. (자업자득이지만) 어떻게든 다음 정권을 친이계가 재창출해주길 바라시겠지만, 이 만화를 그리고 나서 1년 반이 지난 지금 돌이켜보면 공주님은 더더욱 강력해지고 한나라당은 새누리당이라는 이름의 친박 정당으로 탈바꿈했습니다.

그리고 그간 굽시의 〈시사IN〉 만화는 친박-친이의 당내 파워게임을 주요 갈등축으로 삼아 근근이 지면을 꾸려왔습니다. 스토리로만 보면 참으로 그럴듯한 이야기지요. 핍박받던 공주님과 추종자들이 결국 끈질기게 살아남아 사악한 가카에게 복수하고 보위에 오른다는 영웅서사의 전형.

2011년 초에 이재오 의원이 개헌론에 불을 지피며 박근혜 대세론의 물줄기를 조금이라도 틀어보려고 시도했습니다. 개헌론을 깃발 삼아 정계개편을 노려볼 수도 있고, 공주님의 대권 계획에 혼선을 줄 수도 있고, 아무튼 박근혜 대세론이 완전히 굳어지기 전에 어떤 식으로든 이레귤러를 투입해볼 요량이었겠지만, 별 호응 없이 사그러들었습니다.

개헌론을 둘러싸고 벌어진 친이-친박 총격전 중, 빈민운동의 대모인 친이계 강명순 의원이 공주님에게 "독재시절 호의호식한 빚을 갚아라"라고 돌직구를 던졌지요. 1년 후, 강명순 의원은 당연히 19대 공천을 받지 못하고 여의도를 떠나야 했습니다.

만화 끝부분, 가카의 대사는 극중 송승헌이 김태희에게 던지는 고백입니다. 오글오글 오그리도그리.

그러고 보니 MBC는 〈궁〉부터 시작해서 〈마이 프린세스〉, 〈더킹 투하츠〉로 이어지는 현대 왕실물을 계속 만들어왔지요. 왕자와 공주를 왜 그렇게들 좋아하는지…… 현실에 존재하는 북쪽의 왕자, 남쪽의 공주님만으로는 부족하단 말이냐!

진달래 혁명을 기다리며

2011년 2월 25일

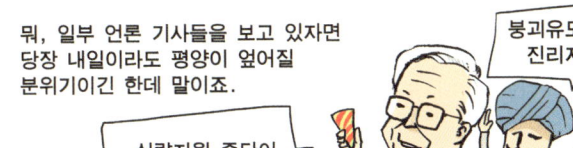

굽시니스트의 못다 한 이야기

튀니지의 재스민 혁명으로 촉발된 아랍의 봄이 이집트를 거쳐 중동 전체로 들불처럼 번져나가는 2011년이었습니다. 2012년까지도 시리아를 비롯한 많은 나라에서 독재와 싸우는 민중의 피가 재스민을 붉게 물들이고 있습니다.

이 무렵 리비아에서 촉발된 내전은 곧 카다피의 하야로 이어질 것으로 예상되었지만, 이 42년 묵은 독재자를 끌어내리기 위해서는 반년이 넘게 더 싸워야 했지요. 카다피는 여러 나라의 용병들을 동원해 저항세력을 공격했는데, 그중에는 북한 용병들도 끼어 있더라는 이야기도 있었고…… 어쨌든 카다피는 반군을 알 카에다와 연계한 테러 세력이라고 욕해보았지만 서방은 반군을 지원했고 전 세계가 카다피의 만행을 규탄했습니다. 카다피의 돈을 받아먹은 아프리카 몇몇 나라들이 카다피를 응원했지만 별 영향력은 없었지요.

중동 민주화 시위 소식들에 대해 중국은 애써 무시하는 태도를 취했고, 중국 인민들에게 끼칠 영향을 차단하기 위해 여러 가지 조치를 취했다고 합니다. 죽의 장막을 뚫지 못한 민주화 봄바람이 백두산은 어찌 넘으리오.

작중 가카를 통해 패러디된 내용은, 2011년 2월 13일 〈MBC 뉴스데스크〉에서 방영된 PC방 전원차단 폭력성 실험입니다. 한창 게임 중인 PC방의 전원을 기자가 순간적으로 모두 꺼버리자, 손님들은 순간적인 상황 변화를 받아들이지 못하고 곳곳에서 욕설과 함께 격한 반응이 터져나옵니다. 폭력 게임의 주인공처럼 난폭하게 변해버린 겁니다. 이처럼 게임이 인간 심성에 미치는 폭력적인 영향을 충격적으로 드러낸 이 실험 영상은 인터넷 방방곡곡에서 화제가 되어 다양한 바리에이션으로 변주되어 널리 퍼졌답니다. 한때 TV 뉴스의 개념지존이라 칭해지던 〈MBC 뉴스데스크〉가 오늘날 4차원 예능뉴스로 일컬어지게 되는 계기 중 하나라 하겠습니다.

가카노사의 굴욕

2011년 3월 5일

굽시니스트의 못다 한 이야기

이슬람은 교리상 이자놀이를 금지하고 있습니다. 때문에 이슬람 금융의 투자자들은 돈을 꿔주기 위해 수쿠크라는 채권을 발행해 특수목적회사 SPV에 투자하고, SPV는 채무자의 실물자산을 매입합니다. 채무자는 그 매각대금(즉 이게 대출금이 됨)을 받고 매각한 실물자산은 SPV에게 빌려서 사용하며 그 리스료(즉 이게 이자가 됨)를 지불합니다. SPV는 그 리스료를 투자수익으로 수쿠크 투자자들에게 주지요. 그리고 만기가 되어 채무자가 돈을 갚을 때가 되면 매각했던 자산을 다시 사들이는 식으로 대출금을 갚는 겁니다.

이런 식의 수쿠크 채권은 서방 금융의 핫머니와는 달리 언제나 실물자산을 끼고 이루어지기 때문에 핫머니처럼 단타로 치고 빠지는 수작을 부리지 않지요. 그런데 문제는 저런 자산의 매각, 재매각 과정 때문에 우리나라 현행법상 양도세, 취득세 등등이 발생한다는 겁니다. 때문에 저 막대한 이슬람 자본이 한국에 들어오지 않고 있으니, 이러한 현행법을 개정해서 수쿠크 거래에서 발생하는 양도세, 취득세를 감면해준다는 것이 수쿠크법. 이미 영국·싱가포르·아일랜드가 이러한 제도를 시행하고 있으며, 미국·일본·프랑스도 수쿠크 채권의 특수성을 인정하거나, 수쿠크법의 도입을 준비하고 있습니다.

이에 대해 이슬람에 대한 반감이 팽배한 한국 개신교가 수쿠크법의 도입을 결사반대하고 있습니다. 이슬람 종교법상 수익의 2.5퍼센트를 자선단체에 기부해야 하는데, 그 돈이 알 카에다 같은 이슬람 테러 단체로 흘러들어간다고 주장하신 분이 바로 조용기 목사님. 뭐, 그냥 코란의 가르침에 입각한 요상한 이름의 제도가 한국에서 인정받는다는 사실 자체가 불쾌하시겠지만 말입니다. 아무튼 개신교계의 반발에, 야권에서는 외국 자본에 대한 과도한 특혜라는 이유를 얹어 반대운동에 가세했습니다. 교회의 낙선운동 불사에 직면한 여당은 굴복, 결국 18대 국회에서 수쿠크법 도입은 실패하게 되지요.

이 과정에서 토라진 개신교계를 달래기 위해 가카께서 조찬기도회에 나가 무릎 꿇고 기도하는 모습을 보이셨다고 합니다. 그 조찬기도회장의 구석에서는 손학규 민주당 대표도 같이 무릎 꿇고 있었지만 별로 주목받지는 못했지요.

그러나 중동 원전사업 추진과 관련해 이슬람 자본과의 동행이 절실한 정부는 수쿠크법 도입을 포기하지 않았습니다. 그리하여 가카노사의 굴욕 1년 후! 2012년 3월, 박재완 기획재정부장관이 종교인 과세 카드를 꺼내 개신교계에 대한 반격에 나섰습니다! 과연 개신교계는 종교인 과세와 수쿠크법의 맞교환에 응할 것인가! 귀추가 주목됩니다.

부끄러war

2011년 3월 12일

굽시니스트의 못다 한 이야기

이 무렵에 그 유명한 상하이 스캔들이 터졌습니다. 상하이 총영사관의 우리 외교관들이 중국 여성 한 명을 두고 다 함께 베갯머리 동서가 된 사건이었지요. 더군다나 그 중국 여성은 중국 쪽 기관의 정보원! 여기에 연루된 김정기 총영사는 원래 우리 가카의 즉위에 힘쓴 공신 중 한 명이었지요. 총선에서 홍정욱에게 밀려 공천을 주지 못한 대신에 상하이 총영사 자리를 줬는데 저리 되었으니 참으로 안타까운 일입니다.
이보다 더 큰 사회적 파장을 몰고 온 아랫도리 스캔들로는 고 장자연 성상납 사건이 있었는데, 이건 뭐 밤의 권력이 얼마나 강대한 힘을 지니고 있는지만 입증한 채 흐지부지 유야무야된 사건이었지요. 이후 〈조선일보〉는 관련 손배소 소송에서 모두 패합니다.

힘내라 일본

2011년 3월 19일

어머니의 시신

아버지의 시신

딸의 시신

아들의 시신

．
．
．

슬픔

공포

절망

．
．
．

인간으로서 공감하지 않을 수 없는 감정들.

이웃 간의 정리가 더욱 그러하다.

그런데 그렇게 공감하고 동정하는 인간 보편의 마음 한구석에는-

얼마나 상심이 크십니까.

아리가또ㅠㅠ

한국과 일본이라는 특수한 국가관계의 감정이 자리 잡고 있는 경우가 없지 않다.

(뭐 더 안 깨지나?)

(총껀 안 먹어)

일개인인 내가 스스로 국가의지 그 자체인 것처럼 느끼고 생각한다.

학습되고 만들어진 나의 서사적 자아는 몇 십 년짜리 내 인생을 뛰어넘어 수천 년의 준거집단 온라인에 접속해 '나'를 국가 규모로 확장한다.

수천 년 민족사를 마치 내가 겪은 일인 것처럼 기억한다.

그 민족사의 트라우마까지도 나의 트라우마가 된다.

굽시니스트의 못다 한 이야기

동일본 대지진에 휘청거리는 일본을 바라보며 연민이 북받쳐오르지만 동시에 살짝 고소한 마음도 없다 할 수 없는 우리 한국인. 뭐, 이때 일본 이재민 돕기 성금도 하고 그랬는데 일각에서는 부잣집 방 하나 침수된 거 가지고 옆집의 가난뱅이가 성금 낸다고 비판하기도 했더랬습니다.

그런데 그런 감정놀음으로 바다 건너 불구경하던 게, 후쿠시마 원전 방사능 유출사건이 터지면서 더 이상 남의 일이 아니게 되었지요. 뉴스에서 원전 2호기 과열, 3호기 침수 등등의 이야기를 들을 때면 마지막 컷의 에반게리온 1, 2, 3호기들이 생각났더랬습니다.

그녀가 돌아왔다

2011년 3월 25일

굽시니스트의 못다 한 이야기

신정아 정말 대단하지 않습니까? 나라를 뒤흔든 희대의 학력위조 불륜녀. 정말 누군들 그 자서전을 사서 읽고 싶지 않겠습니까. 그 자서전이라는 게 허언증과 망상으로 가득 찬 물건으로, 여야를 막론하는 고위층 인사들이 두루 언급되어 있답니다. 보혁 양쪽 언론의 합동공격 속에서 장안의 종잇값을 뛰게 할 만큼 어마어마하게 팔려나갔지요. 뭐 그렇게라도 국민 독서율이 올라간다는 건 나름 긍정적이라 할 수 있겠지요.
패러디된 게임은 〈스타크래프트 2〉입니다. 수백만 명을 학살한 전쟁범죄자인 여친을 구하기 위해 가장 친한 친구까지도 죽여버리는 반정부 게릴라 지도자의 이야기지요.

책임정치

2011년 4월 1일

굽시니스트의 못다 한 이야기

동남권 신공항을 어찌해야 하나, 이거 꽤 시끌시끌한 문제였지요. 부산 가덕도에 지을까, 밀양에 지을까, 아예 그냥 짓지 말까. 가카께서 대선 공약으로 내세우신 동남권 신공항 유치를 놓고 부산과 밀양이 박터지는 혈전을 벌였습니다. 그런데 결국 2011년 3월 30일, 국토해양부는 경제적 타당성이 낮다는 이유로 신공항 백지화를 발표했습니다. 이에 전 경남이 들고일어났고, 야당은 그 민심 이반이 저들에게 득이 될 것으로 생각했지요. 그러나 그 성난 민심을 거둬들인 건 가카의 결정을 비판한 그네공주님이었습니다. 세종시 문제로 인한 지역 민심 이반을 거둬들인 이도 공주님이요, 신공항 민심 이반을 거둬들인 이도 공주님이시니, 돌이켜볼 때, 결국 가카의 모든 실정에 대한 반사이익은 야당이 아닌 공주님이 가져갔습니다.

뭐랄까, 옛날 박통 시절 청와대 야당이라 불린 육영수 여사의 포지션 이미지를 공주님이 확장판으로 가져다 쓰며 대성공을 거뒀다할 수도 있겠습니다.

김해대전

2011년 4월 8일

굽시니스트의 못다 한 이야기

4·27 재·보선 전에 친노-친유 성향인 친구의 장대한 구상을 들어본 적이 있습니다. 김해에서 한나라당에 맞서 참여당이 민주당과 힘을 합쳐 적벽대전과 같은 대승을 거둔 후, 이를 발판으로 입촉, 친노 김두관 지사가 깃발을 꽂은 경상남도로 들어간 후, 공주님 집권에 부정적인 YS 세력과 암암리에 교감을 나누며 4·11 총선에서 PK정당으로서 수십 척을 차지. 이후 친이-친박으로 갈라지는 새누리당의 해체 과정에서 민주당의 친노세력과 손잡고 대대적인 정계개편으로 PK 기반의 친노+비박 신당을 만들어 민주당을 압박, 단일 후보로 유시민을 옹립하여 대선에서 공주님을 꺾고 승리! 이 어마어마한 천하대전략이 그 첫걸음에 발목을 접질리게 될 줄이야.
사실 유시민 대표가 동남권 신공항 문제에서 가카의 백지화 결정을 지지했음을 생각해보니, 유 대표가 딱히 PK를 촉나라 땅으로 여긴 건 아니지 싶습니다.

어떤 대학의 개혁 목록

2011년 4월 15일

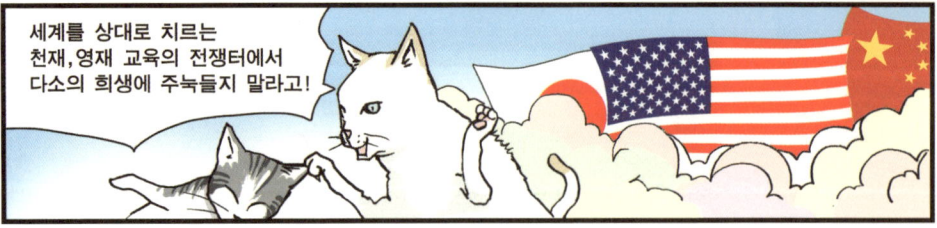

하지만 천재, 영재라는 게 과연 독고다이 생존경쟁 공부에 최적화된 개체를 뜻하는 말일까?

인류 지능의 진화를 선도하는 개체를 천재라고 부른다면—

보인다... 내게도 적이 보여!

경쟁, 독고다이의 천재들이 아닌

협동의 천재들이 인류의 진화를 이끌어왔다.

독고다이 최적화 진화를 한 종들은 동물원에나 가야 볼 수 있지.

→ 인류 진화의 유전자는 분명히 경쟁이 아닌 협동의 방향을 가리키고 있다.

저 카이스트의 천재들에게 독고다이 공부법 대신 함께 공부하고 연구하는 방법을 가르치기 위해 노력한다면, 어찌 아니 유익하겠는가.

사고공유체 미가카 네트워크

아오, 나님은 독고다이로 죽을 만큼 노력해서 미국에서 훌륭한 과학자가 되고 카이스트 총장까지 되었거든요?

제자들이 나처럼 성공해주길 바라는 게 뭐가 나쁜가요?!

서남표 총장

흠, 저 교육기관은 한 명의 서남표를 낳기 위함이 아니라 이 나라의 전두엽이 될 '그룹'을 낳기 위함이라고 생각해보기도 한다.

본격 시사인 만화 by 굽시니스트

굽시니스트의 못다 한 이야기

저는 대전에서 나고 자랐습니다. 집에서 갑천을 건너면 카이스트가 보였습니다. 고등학생 때 과외선생님도 카이스트 학생이었는데 제 학습태도를 주의깊게 관찰하시고 틱장애 판정을 내려주셨지요. 고등학생 때 저와 친구들은 우리가 이렇게 공부를 게을리 하니 이 나라의 미래가 어찌 될 것인가 걱정하다가도, 저 멀리 카이스트 도서관의 반짝이는 불빛을 보며, 이 나라 최고의 인재들이 저리 열심히 공부를 해주고 있으니 나라의 미래는 결코 어둡지 않다고 안심하곤 했습니다.

그런 카이스트에서 이 나라 최고 수재들의 시신이 줄줄이 실려나가는 광경은 성적만능주의 어쩌고 하는 평범한 문제의식을 넘어서 나라의 명운 레벨까지 금이 가는 충격이었습니다.

패러디된 만화는 〈어떤 마술의 금서목록〉입니다. 라이트 노벨 원작으로 애니화되어 큰 인기를 모은 작품입니다. 학원도시를 배경으로 과학과 마술이 충돌하는 와중에 한 폭력소년이 수정펀치로 사람 패면서 여자들을 꼬셔 하렘을 만들어가는 이야기죠. 일본인들은 백만 년 동안 탈아입구(脫亞入歐)해도 서양 기독교 문화의 분위기라는 걸 절대 득하지 못할 것이라는 느낌을 주는 작품이었습니다.

너에게

2011년 4월 22일

「너에게」(1993) / 작사,작곡 서태지

굽시니스트의 못다 한 이야기

청춘을 1990년대에 걸어놓은 세대라면, 서태지라는 이름 석 자를 오장육부 깊숙한 곳에 쑤셔넣고 사는 이들이 꽤 있을 겁니다. 그런데, 이 양반이 결혼을 했었다고?! 그리고 이혼을 했다고?! 그 여자가 정우성이랑 사귀고 있는 이지아라고?! 한반도 연예계 역사상 〈처용가〉 이래 2천 년을 쩜쩌먹는 대파문이었지 말입니다.
간만에 헤드라인을 장식한 서태지의 이름에 묻어가고자 저도 서태지의 〈너에게〉 가사를 만화 내용으로 그려 옮겼답니다. 혹자는 이 〈너에게〉가 바로 10대였던 이지아에게 보내는 서태지의 메시지라고 주장하기도 했지요.

내 생애 최고의 가카

2011년 4월 29일

굽시니스트의 못다 한 이야기

4·27 재·보선 결과 민주당의 손학규와 최문순은 승리, 참여당의 이봉수는 김해에서 패배. 친노 예루살렘 상실에 대한 비난이 유시민에게 쏟아지고 참여당의 독자생존 가능성이 사라지게 됩니다.

친노, 노무현과 친하다. 죽은 대통령에 대한 지지를 바탕으로 하는 정치세력이라니. 세상에 이런 개인숭배가 있나 싶지만, 뭐 사실 따지고 보면 죽은 대통령들, 즉 박정희니, 노무현이니 하는 이름들은 그 개인을 가리키는 것이 아니라 그들이 세상에 펼쳐낸 정치의 방식을 가리키는 것이며, 죽은 대통령들의 이름은 그러한 정치적 지향점의 동지들이 깃발로 삼을 만한 세 글자가 되는 것이지요. 죽은 대통령 개인이 인간으로서 어떤 인간이며, 실제 머릿속 생각과 정치적 계산이 어떤 것이었냐는 전혀 중요하지 않지요. 그런 측면 말고도, 고인이 남긴 호감 갈 만한 품성과 언행이 인간적인 매력으로 작용하여 지지자들을 만들기도 하지만 그것 역시 결국은 정치적인 흐름의 바탕 위에서 이루어지는 일이기 때문에 별로 중요하지 않다고 생각합니다.

물론, 저 같은 사람은 정치적 지향점의 바탕을 깔고, 노무현의 삶과 선택을 박정희의 삶과 선택보다 좋아하며, 그 남긴 생각들이 이쪽의 구미에 맞게 꽃피우길 희망합니다.

5월에는 4컷 만화

2011년 5월 5일

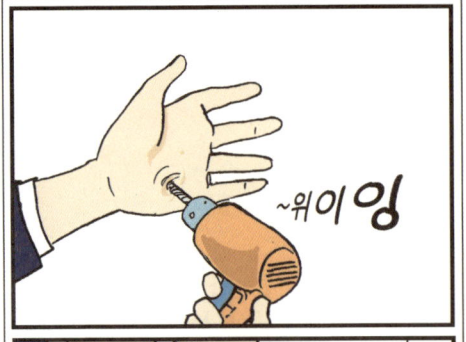
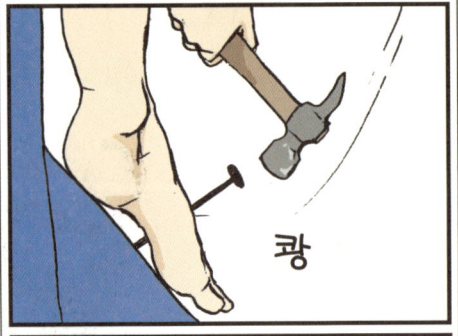

굽시니스트의 못다 한 이야기

이 4컷 만화 네 편은 네 개의 이야기를 기반으로 합니다.

첫째, 2011년 5월 1일 무렵, 한 택시기사가 자신을 십자가에 스스로 못 박아 자살하는 사건이 일어났습니다. 와, 이게 추리소설 시나리오였다면 편집자가 현실성 없다고 집어던졌을 텐데 말이죠. 같은 시기, 안상수 한나라당 대표는 재·보선 패배를 책임지고 사퇴하게 됩니다. 당의 모든 죄를 짊어지고 스스로 대속제의 어린양이 되신 게지요.

둘째, 이 무렵 박지원 민주당 원내대표는 한미FTA 비준을 놓고 한나라당과 합의하여 처리하기로 방침을 정한 덕분에 민주당 내 강경파에 까이고, 연대 파트너인 민노당에 까이고, 그렇게 까여서 합의처리 방침을 접기로 한 덕분에 한나라당한테 까이고…… 역시 정치는 어떻게 해도 욕먹게 되어 있습니다.

셋째, 2011년 5월 2일, 드디어 오사마 빈 라덴이 사살되었습니다. 오사마 사살작전 당시의 백악관 모니터실을 찍은 사진은 역사의 한 장을 대표하는 이미지로 남게 되지요. 그 사진을 볼작시면 일개 준장이 지휘석에 앉아 있고 오바마 대통령을 비롯한 정부와 군의 수뇌들이 그 주위에 들러리처럼 위치해 있지요. 미국의 실용주의 정신을 극명하게 드러내는 장면이라 하겠습니다. 뭐 미국이 아닌 다른 나라에서라면, 지휘통제소의 상석에 앉아 지도의 알록달록한 기호가 무엇을 의미하는지 참모총장의 설명을 들으며 심각한 표정을 짓고 있는 장면을 사진으로 남기게 하는 대통령이 일반적인 경우라는 걸 우리는 잘 알고 있지요.

넷째, 이 무렵 금감원 퇴직 인사들을 금융권이 초고액 연봉의 이사로 모셔가는 행태에 대해 가카께서 따끔하게 지적하셨습니다. 대통령으로서 당연히 지적할 만한 입바른 말씀이긴 한데, 패밀리와 사조직에 의한 국가 사적 운영의 중핵에 위치하신 분께서 그런 말씀을 하시기에는 마음에 많은 찔림이 있었으리라 사료됩니다.

평행우주

2011년 5월 20일

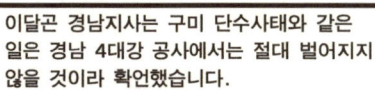

굽시니스트의 못다 한 이야기

노통의 죽음을, 정치 인생 최후의 한 수로 자신의 목숨을 던졌다고 평하는 이들도 있습니다. 그러하다면 과연 상당한 묘수라 할 만합니다. 정치적으로 도덕적으로 완전히 매장된 전직 대통령의 지지세력을 친노라는 이름의 단괴로 정치무대에 등장하게 만들었지요.
우리 전직 대통령들의 그림자에 드리워진 복마전을 생각해볼 때, 그러면서도 그 영향력과 위치가 그리 위협받지 않는 것을 생각해볼 때, 대한민국 역사상 노통만큼 약하디약한 대통령은 존재하지 않았고 앞으로도 존재하지 않겠지요.

장관색 패기

2011년 5월 27일

굽시니스트의 못다 한 이야기

고위직 인사청문회를 보면서, 어째서 저 위치까지 올라갈 수 있는 유능한 사람들은 항상 지저분한 꼬리를 달고 있는 걸까, 소년들은 궁금해합니다. 하지만 어른이 되어 사회생활 어느 정도 겪고 나면 그런 걸 궁금해하지 않습니다. 유능하기 때문에 저런 지저분한 꼬리도 달 수 있는 거고, 저 지저분한 꼬리야말로 사실은 유능함의 증거라는 걸 알게 되지요.

그런 부분에서 우리 가카는, 맙소사! 1970, 80년대 건설업계라니! 정말 절절하게 전신전령으로 체험하며 살아오신 분이지 말입니다. 물론 스스로도 자신을 매우 유능한 사람으로 여기고 계시지요.

마지막 총회

2011년 6월 3일

굽시니스트의 못다 한 이야기

진보신당. 한때는 이 정당이야말로 젊은 진보의 희망으로 여겨지기도 했죠. 주사파와 길을 달리하여 김정일 개객기를 마음껏 외쳐 종북 콤플렉스에서 벗어날 수 있는 새로운 좌파! 하지만, 역시 정치는 현장 조직에 있는 거지요. 수십 년간 노동 일선에 뿌리내려온 민노당의 조직과 정치력은 진보신당이 비집고 들어갈 틈을 허용치 않았고, 진보신당의 사회주의, 여성주의적인 정강정책은 대중의 일반적인 정치 감성에 비추어 볼 때 상당히 멀리 나간 감이 있었지요. 결국 연이은 선거 패배와 낮은 지지율로 고민하던 당 지도부가 민노당과 다시 합당할 것을 결정한 것이 이 무렵의 일입니다. 이후 9월의 당대회에서 합당안이 부결되며 11월에야 노심조(노회찬·심상정·조승수) 등의 통합파가 탈당하여 통합연대를 만들고 민노당과 합당하게 되며 진보신당 독자 생존파가 4·11 총선까지 버티지만 결국 전국 득표율 2퍼센트를 넘기지 못해 비로소 당 간판을 내리게 되지요. 결국 이 무렵의 당 분란 사태에서 당 간판이 정식으로 내려갈 때까지 1년 가까운 시간이 걸린 셈이지만, 그 1년은 기나긴 임종의 시간이고 사실상 이 합당파동 때 진보신당의 정당으로서의 존재감은 소멸했다고 볼 수 있겠습니다.

생각해보면 진중권, 홍세화, 박노자, 한윤형, 박찬욱…… 뭔가 이미지가 떠오르지 않습니까? 확실히 뭔가 폼은 나는데…….

교육의 의무는 대졸까지

2011년 6월 10일

굽시니스트의 못다 한 이야기

사회입갤 연령이 점점 늦춰지고 있습니다. 새끼 캥거루들은 어미 캥거루의 주머니가 점점 늘어나 땅에 닿을 때까지 밖으로 나올 엄두를 내지 못합니다. 남자들은 가뜩이나 기본옵션으로 군대 2년(+알파) 깔고 시작하는 터라 20대 후반에나 대학 졸업이 가능하고, 서른이 되어서야 학부 졸업장을 받는 일도 드물지 않습니다. 세계의 20대 중후반 청년들이 이미 사회에서 열심히 일을 배우며 그 젊음을 실무에 불태우고 있는 현실을 생각해볼 때, 사람밖에는 자원이 없다는 나라가 20대 중후반의 금싸라기 같은 자원을 이렇게 어영부영 낭비해도 되는 건지 말입니다.

뭐 학벌주의가 지배하는 사회의식도 문제고, 그게 실제로 기능해서 계급을 만드는 구조도 문제고, 빡빡한 삶의 조건들도 문제고, 입만 살아 있는 만화가도 문제고, 뭐 아무튼 워낙 많은 문제들이 총체적으로 얽힌 채 이 사회의 기초구조를 이루고 있는지라 이걸 어찌저찌 잘 요리해서 정치적 명제로 내놓기도 빡세지 말입니다.

첫 컷의 몬스터는 대작 온라인 게임 〈테라〉의 아이돌인 쿠마스입니다.

유상무상 무상급식

2011년 6월 17일

굽시니스트의 못다 한 이야기

 돌이켜보면 오세훈 시장님의 무상급식 태클은 자책골로 연결되는 실책이었다고 여겨지지만, 따지고 보면 그 무상급식 태클이야말로 6공화국의 수많은 정치적 대결 명제 중 손가락에 꼽을 만큼 희귀한 고차원 명제였지 말입니다. 개인주의-자유주의와 공동체-사회주의 간의 유서 깊은 대결이 매우 전형적인 형태로 한국 땅에 펼쳐진 것에 대해 드디어 세계사적 보편명제를 놓고 좌우가 대결하는 모습을 보게 되었다며 감격의 눈물을 흘린 교수님이 있다는 소문도 있고 말이지요.

사실 이 대결의 각론에서는 예산의 효율적 집행이나 세금의 증감, 소득별 차등 급식비 징수 등등이 제기되었고 사실 그 모든 이야기들은 나름 합리적이고 경제적인 논리를 갖춘 이야기들이었지 말입니다. 또한 차등 급식비가 아이들에게 마음의 상처를 준다든가 소득별 계급구조에 대한 왜곡된 감정을 심어준다든가 하는 이야기들도 좀 감성적인 면에 치우치긴 했지만 충분히 염려할 만한 이야기였지 말입니다. 어쨌거나 그렇게 치열하게 전개된 각론들의 전투 밑바탕에는 결국 앞서 말한 보편적인 좌우 정치철학의 대립이 깔려 있었다는 것이고, 개개인들이 선택한 각론은 결국 각자가 마음속 깊숙한 곳에 깔아놓은 보편적인 좌우 정서에 근거한 바가 크겠지 말입니다. 물론 이밖에도 정파적인 입장이나 개인별 특수한 사정들이 각기 다르게 작용했겠지요.

아무튼 이 당시에는 아무도 이 선거가 몰고 올 스펙터클한 결과들을 예상하지 못했습니다.

Oh My Gaka

2011년 6월 24일

굽시니스트의 못다 한 이야기

임기 말에 대통령이 당정에서 소외되는 현상은 이제 6공화국 대통령제의 기본 공식으로 굳어졌지 말입니다. 당은 언제나 미래권력을 향해 움직이는 법이고 그 미래권력이 대통령과 사이가 나쁠 경우, 대통령은 그냥 여의도를 마음속에서 지워버리는 게 정신건강에 이롭겠지 말입니다.

이 무렵부터 시작된 한나라당의 당대표 경선은 친이와 친박의 전면전이라는 느낌이 크게 들지 않는 게, 후보들이 계파성을 부각시키지 않기 위해 최선을 다했고, 실제로도 다들 회색지대에 진입해 있었기 때문이지요. 유승민 의원 정도나 친박 간판을 확실히 달고 나왔고. 억지로 나눠보자면 나경원, 홍준표 등은 친이로 분류될 만한 인물이지 말입니다(결국 친이, 친박 분류의 기원은 2007년 대통령 경선에 근거하는 것이니 말입니다). 하지만 홍준표 의원은 친이, 친박을 공평하게 까면서 계파성을 철저히 불식시킨 덕분에 당대표에 당선될 수 있었습니다. 뭐 그래서 나중에 물러날 때도 홍준표 대표를 실드쳐주는 사람이 아무도 없었지 말입니다.

이놈의 〈시사IN〉 만화는 항상 그 시기의 생명력 짧은 소재만을 사용하기 때문에 이렇게 오랜 시간이 지난 후에 보면 이게 뭔 소리고 뭘 패러디했는지도 잘 모르게 되는 문제가 있습니다. 그래서 이렇게 그 내용을 일일이 설명하는 글을 쓰고 있자면 참으로 처량한 기분이 들지 말입니다…….

첫 번째 광고는 포스코의 기업광고, 두 번째 광고는 뭔 샴푸 광고인데, 와 이건 저도 기억이 안 나네요;;; , 세 번째 광고는 박태환과 손연재의 LG 에어컨 광고(일명 박태환 작업 실패 광고), 네 번째 광고는 김재박 감독의 현대스위스 저축은행 광고(일명 김재박 8888 DTD 광고), 다섯 번째 광고는 G마켓 무차별 할인 광고입니다.

고마워 다 핵이야

2011년 7월 15일

김정일 씨의 관료조직과 함께 춤추는 걸 정의라고 설명하는 건 꽤 수사적 기술을 요하는 일이다.

사실은 '불의와의 타협'이지. 대국적 관점에서 어떤 이익을 계산하고 이루기 위한.

긴장완화 효과, 남한 내 냉전 질서 타파, 경제협력, 향후 영향력, 가오, 멋, etc

그런 불의와의 타협은 그런 걸 신경 써야 할 권력자들에게 맡겨두자. 남한의 화전양면 전술에서 和를 담당한 권력에게.

저건 정의만으로 싸워야 할 약자의 게임이 아니야.

근데 우리 현대사를 지배한 반공 패러다임에서 벗어나기 위해서는 김정일 씨가 괴물이 아니라고 말할 필요가 있는 것 아닐까?

정일이 꼬맹이가 많이 컸네.

너 간첩

그건- 반공 패러다임의 비논리성 자체를 거부하고 분쇄해야지,

종북종북 좌빨좌빨

이노프!!

으하하하 멍청이!

그걸 이런 식으로 풀려고 하니까 뭐가 되냐.

아니, 얘도 알고 보면 괜찮은 친구입니다.

잘못 들어선 길을 정의로 포장하기 위한 골드버그 장치에 너무 지나친 에너지를 쏟고 있다고.

굳이 말할 필요는-

김정일 개객-

퍽

철퍽

직관적이고 선명한 정의 하나만으로 싸워나가야 할 약자이 정치가에게 정의를 말하지 않을 여유 따위가 있을 리가 있나.

고마워 NL이라 다행이야.

본격 시사인 만화
by 굽시니스트

굽시니스트의 못다 한 이야기

이 만화에서는 상당히 간단하게 끄적거려놓았지만 이 총체적 '북한문제'는 그리 간단하게 끄적거릴 얘기가 아닌 듯싶습니다.
북한문제라는 게 그리 대단한 '건수'가 아닌 것처럼 여겨지기도 하지만, 결국 2012년에 이 북한문제는 1987년 이후 그 어느 때보다 강력한 존재감을 과시하며 대한민국의 진짜 현실 공간을 묘하게 비틀어대고 있습니다. 뭘까요 이건 도대체? 60년을 다뤄온 문제이고, 그 본질이 결코 변하지 않는 상수건만, 우리는 각 시대마다 새로운 모습으로 리젠되는 북한문제와 마주하게 됩니다.
이것은 현대사의 궁극적인 운명인가, 아니면 거대한 맥거핀인가…….

패러디 원작은 Daum웹툰에 연재되었던 웹툰 〈고마워 다행이야〉입니다. 한 번 만지면 부귀영화를 얻으며 두 번 만지면 천하를 얻게 되고 세 번 만지면 불로장생을 얻게 된다는 전설의 가슴을 지니고 태어난 여주인공, 그리고 그녀를 차지하기 위해 처절한 싸움을 벌이는 남자들의 이야기입니다.

그날 찍을 후보의 이름을 우리는 아직 모른다

2011년 7월 22일

굽시니스트의 못다 한 이야기

안철수 교수의 강림 이전, 야권 대선주자 후보군은 손학규, 문재인, 유시민, 한명숙 정도가 언급되었지 말입니다. 문재인 고문은 아직 〈힐링캠프〉 출연 전이라 지지율 포텐이 터지지 않았고, 민주당 내에서는 손학규 전 대표가 가장 유력한 위치를 차지하고 있었습니다. 사실 저 야권 후보군 중에 제가 유일하게 악수해본 분이 손학규 전 대표지 말입니다. 제가 명륜동 살 때, 이 양반께서 언덕길을 올라오시는데 따르는 이는 그냥 아저씨 두 명뿐이고 딱히 구경꾼들도 없었습니다. 제가 얼른 휴대전화를 꺼내 사진을 찍고 있으려니 악수하자고 부르셔서 공손하게 손을 잡아모시는 영광을 가졌습니다. 그리고 손 전 대표께서 나님의 눈에 서린 범상치 않은 총기를 알아보고 대선캠프의 지휘관으로 앉히고자 하시매 "저는 그저 키보드에 지문이나 새기는 필부일 뿐입니다" 하고 정중히 거절했습니다.

패러디 원작은 〈그날 본 꽃의 이름을 우리는 아직 모른다〉라는 제목의 일본 애니메이션입니다. 일본어 제목을 줄여서 '아노하나'라고 부릅니다. 10년 전 의문의 죽음을 당한 소녀, 그리고 10년 후 다시 모이는 친구들. 소녀의 죽음을 둘러싼 비밀이 하나씩 밝혀지며 숲 속의 외딴 오두막은 불길한 기운에 잠식되어가고…… 충격적인 반전과 결말! 죽은 소녀는 무엇을 위해 돌아온 것인가!

오세이돈 어드벤처

2011년 7월 29일

굽시니스트의 못다 한 이야기

2011년 7월 27일, 1백 년 만의 폭우로 광화문을 비롯해 서울 도심 곳곳에 극심한 침수피해가 발생했습니다. 수도 서울이 순식간에 워터파크로 변해버린 초현실적인 광경에 네티즌들은 오세훈 시장을 성토하며 '오세이돈 어드벤처', '무상급수'와 같이 기념비적인 작명 센스를 발휘했습니다. 이 물난리에 저 머나먼 노르웨이에서 웬 극우 정신병자가 벌인 학살극도 휩쓸려 떠내려갔지요.
결국 2012년 5월 30일, 감사원은 광화문 침수 원인은 광화문 광장의 잘못된 설계 때문이었음을 밝히는 감사 결과를 발표했습니다. 뭐 어차피 오세훈 시장은 이미 자리를 떠난 지 오래인지라 뒷북이 되어버렸습니다만.

곽노현 서울시 교육감은 플레이스테이션 게임 〈갓 오브 워〉의 주인공 크레토스로 패러디되었습니다. 〈갓 오브 워〉는 올림푸스 신들의 독재에 항거해 '더 이상은 naver 제우스 out'을 실천하는 크레토스의 모험 이야기입니다. 크레토스의 기구한 운명이 예고하는 곽노현 교육감의 앞날은…….

관계 속에 내가 있다!

2011년 8월 12일

굽시니스트의 못다 한 이야기

2011년 8월 10일은 축구 국치일로 기억되는 날이지요. 한·일전 사상 유례없는 충격의 3 대 0 패배. 이 날 두 골을 넣은 카가와 신지는 1년 후 맨체스터 유나이티드로의 이적에 성공합니다.

아무튼 역시 지는 건 기분이 안 좋네요. 이겨야 기분이 좋습니다. 그래서 8월 24일에 치러진 무상급식 주민투표에서 오세훈 시장을 이기고 싶었습니다. 어찌니저찌니 해도 결국 이 무상급식 논란은 전선을 형성, 이편과 저편이 싸우는 양상이 되었고, 저는 이쪽편, 오세훈 시장은 저쪽편이었으니 말입니다. 이쪽은 보편복지 시스템만이 이 사회의 만성적 불안을 치료하리라 믿고 이를 위한 첫걸음을 떼기 위해 싸웠습니다. 저쪽은 이쪽의 방안이 복지 포퓰리즘이나 기계적 평등의식 확산의 신호탄이 되어 이 나라를 파멸로 이끌리라는 절박한 위기의식을 갖고 싸웠습니다. 생각해보면 딱히 정파적 깃발 아래 결집해 전선을 이룰 필요가 있는 문제였는지 의문이지요. 그리고 그런 거창한 정치적 수사가 아닌, 일선 학교와 학생, 학부모 들이 원하는 바가 어떻게 이루어져야 하는지에 대한 현장적 접근이 더 현실적인 솔루션이었으리라 생각됩니다. 정치적으로 문제 삼는다 하더라도 결국 시의회 차원에서 다룰 문제였는데 말이죠. 그런 문제를 일부 언론의 펌프질과 오세훈 시장의 정치질이 거대한 정치 전선으로 키워냈지 말입니다. 전선을 원하신다면 그 바람대로 반대편 참호에 이 몸을 박아넣는 수밖에 선택의 여지가 없군요.

가카의 게임

2011년 8월 19일

굽시니스트의 못다 한 이야기

비는 끝없이 내리는데 세계적인 경제위기의 여파로 증시는 대폭락, 참으로 우울하기 짝이 없는 여름이 계속되고 있었습니다. 그러나, 이 여름 한 줄기 빛이 되어준 미국 드라마가 있었으니, 그것이 바로 HBO 제작 〈왕좌의 게임〉! 미국 작가 조지 R. R. 마틴의 판타지 소설 〈얼음과 불의 노래〉 1부 〈왕좌의 게임〉을 영상화한 드라마입니다.
내용을 볼작시면-
출생의 비밀을 안고 즉위한 소년왕. 어린 왕을 우습게보고 각지의 호족들이 반란을 일으키는 와중에 소년왕이 결혼을 결심한 소녀는 반역자의 딸. 북쪽에서는 좀비 떼가 창궐하고, 바다 건너에서는 옛 폭군의 잔존세력이 무시무시한 용을 키우며 침략의 기회를 엿보고 있는 중. 유쾌한 난쟁이 외삼촌과 자상한 외할아버지가 소년왕을 돕는다. 과연 소년왕은 태평성대를 이룩할 성군으로 성장할 수 있을 것인가.

시장 오세훈 송가

2011년 8월 26일

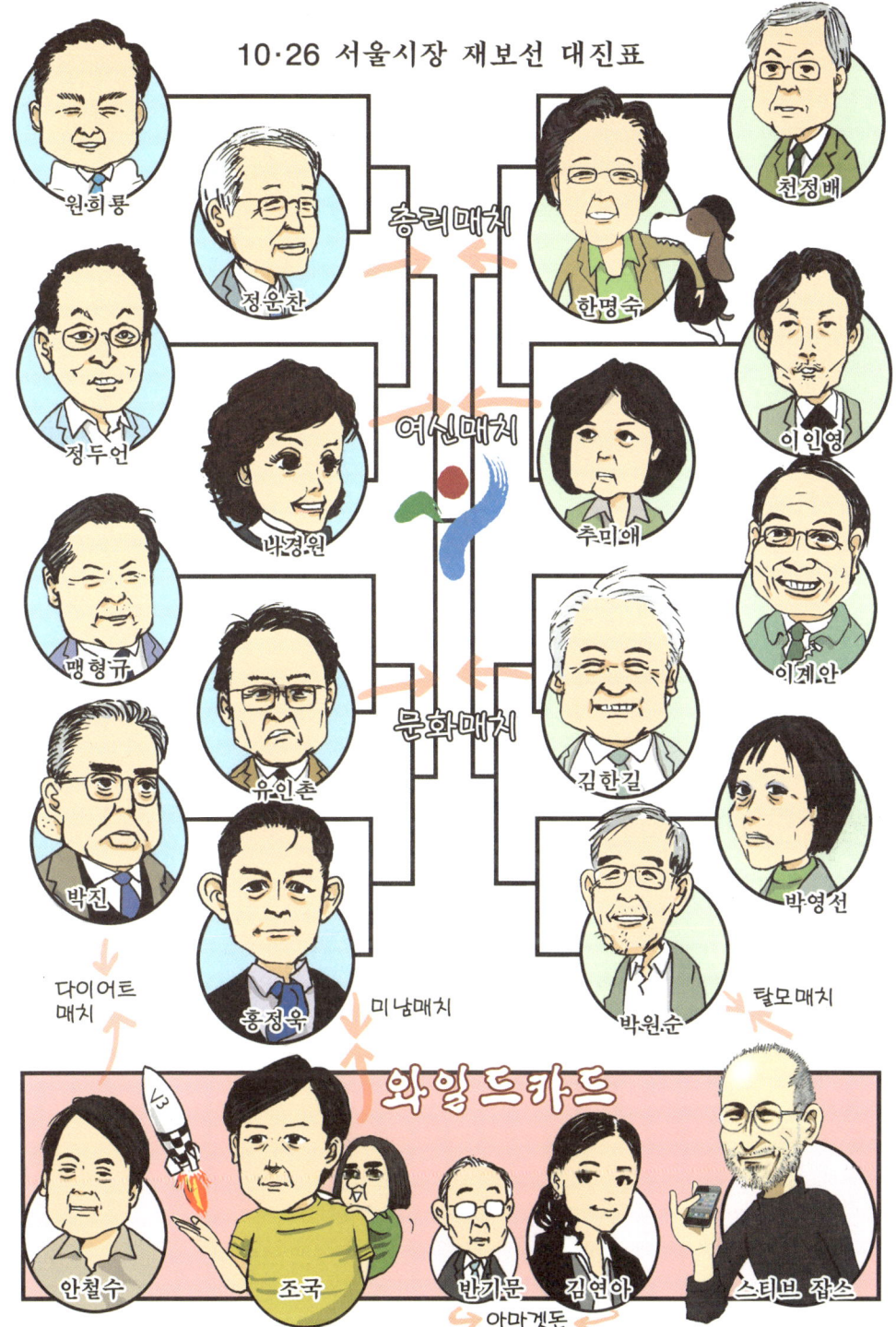

굽시니스트의 못다 한 이야기

서정주 시인의 〈오장 마쓰이 송가〉는 역시 대시인의 시답게 입에 착착 감기는 맛이 있지 말입니다. 이처럼 훌륭한 친일시를 썼건만, 조선어로 쓰여진 시이기에 정작 총독부의 나으리들은 이 시의 진가를 알아먹을 수 없었을 테니 패 안타까운 일이었겠습니다.

아무튼 마쓰이 오장처럼 오세훈 시장도 꽃처럼 옥쇄했습니다. 애초에 서울시장 자리를 걸고 판을 벌인 것부터가 실수였지요. 돌이켜보건대, 이 서울시 무상급식 투표야말로 2012년 대선까지 버라이어티하게 전개된 여의도 롤러코스터의 시발점이었지 싶습니다. 이어지는 서울시장 보궐선거는 일찌감치 야권의 승리가 예상된 선거였기에 여권의 시장후보 선출전은 그닥 관심을 받지 못했습니다. 이에 비해 야권의 시장후보 선출전은 뜨거운 관심 속에서 치러지며 또 다른 거함을 출항시키는 개막전이 되었지요.

제갈공명박

2011년 9월 2일

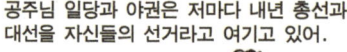

굽시니스트의 못다 한 이야기

정치를 〈삼국지〉 스타일의 책략전으로 보는 시각은 사실 좀 가볍고 호사가적인 관심으로 여겨지기 마련입니다. 하지만 역시 거대담론의 진중한 선언문만으로 정치를 대하는 건 가끔 심심해지기 마련입니다. 여의도 체스대회의 수싸움들로 정치를 읽어보는 것이 나름 도락이 될 수 있겠습니다. 특히 정치뉴스가 반전에 반전을 거듭하는 단두대 매치들로 채워지는 시대를 살아간다면, 저 현상들에 숨겨진 서사를 대입해보고자 하는 욕구가 꿈틀대기 마련입니다.

오세훈 시장의 무리수와 몰락! 그런데 이어지는 곽노현 교육감 구속! 어째서 오 시장이 무리수를 던지기 전에 곽 교육감을 저격하지 않았을까?! 무엇을 기다린 걸까?! 사실 그 모든 것들은 별다른 의미 없는 우연과 미숙함들이 빚어낸 꼴사나움이겠지요. 하지만 두 뺨 키보드 위에 천하를 올려놓고 두들기는 넷상의 와룡봉추들은 그 현상 너머에는 분명히 어떤 논리와 책략이 있으리라 여기며 머리를 굴립니다(만화가는 그걸 만화로 그려서 페이지를 낭비하고).

하지만 그런 도락에서 몇 걸음 더 나아간다면 천하대략의 실체에 손가락이 거의 닿을락 말락 할 수도 있지 싶습니다. 취재력과 정보력과 기획력과 흥행력과 말빨이 힘을 합쳐 현상 그 너머로 돌격해 들어가 서사를 두들겨 맞춰 조립한 후, 웹의 중심부를 향해 발사했을 때, 그 파괴력은 전무후무 공전절후 흥행대박. 정말 대단했지요 나꼼수. 저도 나꼼수 달력에 그림 한 장을 그려 올리는 기회를 얻을 수 있었습죠.

무당파 백신대협

2011년 9월 16일

굽시니스트의 못다 한 이야기

서울대 의대 박사, 20대에 의대 교수, 펜실베이니아 와튼비즈니스스쿨 경영공학 석사, 카이스트 경영과학과 교수, 서울대학교 융합과학기술대학원장, 그리고 가장 널리 알려진 업적은 V3백신을 통한 사회기여(의대생이니까 바이러스를 치료하는 일에 능한 것인가?!). 이런 엄친아 충공깽 캐릭터가 현실에 존재한다니, 정말 운명은 불공평하군요. 그래도 만화는 제가 더 잘 그립니다.
그러나 대한민국 대통령이 과연 가장 잘나고 똑똑한 사람이 앉는 자리던가?! 1백 년 동안 차 한 대도 안 지나다닌 2차선 도로의 횡단보도를 빨간불이라고 못 건너는 양반이 여의도 마궁을 통과해서 세종로 1번지까지 제대로 길을 찾아올 수 있을까?! 현대사의 민주-반민주, 좌우 보혁 구도는 어쩌고?! 누가 그의 반석과 방패가 되어줄 것인가? V3 악성코드 오진으로 인한 프로그램 실행 방해는 어떻게 해결할 것인가?!
그래도 이런 대단한 분께서 근혜 공주님의 대통령 취임에 반대하는 포지션에서 정치적 에너지를 투사해주고 계신다는 점은 야권에 대단히 고무적인 일이고, 대선 낙관론을 지탱하는 가장 튼튼한 줄이지 싶습니다.
아, 그리고 9월 15일에 대규모 정전 사태가 일어났었죠. 한전이 9월이라고 예비전력량을 줄여놓고 방심하던 중에 예상치 않은 폭염으로 전력 소모량이 폭증, 결국 순환정전을 통해 이에 대처해야 했습니다. 이 9·15 정전대란으로 엘리베이터에 갇혔던 사람들이 세자리 숫자일 정도로 전국적으로 큰 피해가 발생했습니다. 한전 이사 7명 중 5명이 가카의 낙하산 인사라는 사실은 참 뭐랄까……

타는 목마름으로, 자유민주주의여!

2011년 9월 24일

본격 시사인 만화 by 굽시니스트 — 가을맞이 특선 가카2컷 극장

굽시니스트의 못다 한 이야기

'자유민주주의'라는 단어를 두고 벌어진 이 한바탕 소동은 비트겐슈타인의 지시적 정의 무용에 대한 어려운 철학 이론을 연상시키는바, 우리 사회의 논쟁 이슈가 그런 수준 높은 철학적 배경을 지닌 듯 여겨져서 왠지 대단해 보이기도 하고…….
뭐, 우리가 '국가사회주의노동자당'이라는 단어에 대해 논할 때, '국가'라는 단어와 '사회주의', '노동자'라는 세 단어의 단순한 조합으로서 이해하는 게 아니라 히틀러와 졸개들로 이해하듯이, '자유'와 '민주주의'를 합친 단어도 고유의 스토리를 가진 단어라는 거죠. 사람마다 떠올리는 바는 다 다르겠죠.

2컷 만화들은 가카의 측근비리와 이석연 변호사의 서울시장 출마 소식입니다. 보수 단체들이 강직한 인품의 이석연 변호사를 범여권 후보로 밀었지만 지지도가 너무 낮아서 중도에 레이스를 포기하게 되지요.

싸움의 층위

2011년 9월 30일

굽시니스트의 못다 한 이야기

사실 생각해보면, 모든 권력을 한 손에 틀어쥔 대통령인데 검찰 정도는 호신용 권총처럼 주머니 속에 넣고 다녀도 되겠죠. 뭐 옛날처럼 사법살인하는 것도 아니고 말입니다. 죽어라 공부해서 사법고시 패스, 가문의 영광, 어머니의 눈물, 세상이 다 굽실거리는 검사 나으리가 되지만, 저 높은 분의 정치 장난질에 꼬리를 딸랑거리며 재롱도 피우고 으르렁거리기도 하는 강아지가 되기를 자처하니, 검사 감투는 개나 줘버려. 실제로 개가 가져갔다!

뭐 아무튼 중요한 건 그런 게 아니고, 이 무렵 서울시장 보궐선거전은 가히 때로 때를 씻는 네거티브 전쟁 양상이었지 말입니다. 물론 한 정치인에 대한 평가에서 그 정치인의 행적과 과거에 대한 진실은 대단히 중요한 판단 자료입죠. 하지만 역시 전선의 요체는 좀 더 깊은 심해 기저 거대한 뿌리에서 비롯되는 것이라고 생각합니다. 수면 위를 어지럽게 날아다니는 네거티브 포탄들이 수면에 화려한 물기둥들을 남기긴 하지만, 제각각의 정치성향으로 의식화된 사람들에게 그 포탄들은 나의 판단을 위함이 아닌 다른 사람들의 판단에 영향을 끼치기 위함이겠지요. 어찌 보면 다들 타인의 눈을 의식하며 정치적 지향점을 위한 연기에 몰입하고들 있는 게 아닌가 싶기도 합니다.

가카의 움직이는 성

2011년 10월 14일

굽시니스트의 못다 한 이야기

이 무렵 가카께서는 미국을 방문하시어 펜타곤에도 들르고 한미FTA의 공로로 미국 의회에서 열화와 같은 칭찬도 받으셨습니다. 그러나 국내에서는 내곡동, 도곡동, IC 주변 땅 문제 등이 불거져 나왔지요(측근비리 같은 건 이제 얘깃거리도 안 되고). 그런 판국인지라 서울시장 보궐선거에 가카는 별 도움이 되지 못했습니다. 애초에 야권의 우세가 예상된 선거였지만, 나경원 후보의 선전으로 여권도 어느 정도 희망을 가져볼 법했지요. 일단 나경원 후보는 예뻤으니까요! 와, 진짜, 옛날에는 저도 피부과 시술에 돈 들이는 걸 이해 못하는 사람이었지만, 나경원 후보를 보고 나서는 아줌마들이 왜 그리 피부과에 돈을 쏟아붓는지 이해가 되더만요. 진선미 일체라고, 사람이 예쁘니까 왠지 착해 보이고 진실돼 보이기까지 하니, 정말 일단 예쁘고 볼 일입니다.

평행세계

2011년 10월 21일

굽시니스트의 못다 한 이야기

10·26 서울시장 보궐선거 결과 나오기 전이 원고 마감날이라서, 시장 선거 결과를 모른 채로 시장 선거 결과에 대한 만화를 그려야 했습니다. 뭐 결국 박원순 시장이 당선되긴 했지만, 불리한 선거에서 나경원 후보도 꽤 선전했습니다. 만약 나경원 후보가 당선됐다면 그 결과는 정치판의 큰 그림에 상당한 영향을 끼쳤을 것 같습니다. 안철수 교수는 조용히 집에 돌아갔을 거고, 한나라당은 새누리당이 되지 않았을 것이고, 공주님의 당권 장악은 좀 더 소프트하게 이루어졌을 것이고, 친이세력이 그리 쉽게 거덜나지는 않았겠죠. 그리고 나경원 시장은 차차기 대권을 기약하는 거물로 부상했을 텐데…… 아아~ 미녀 대통령을 볼 기회는 이제 영영 없을 것 같습니다. ㅠㅠㅠ

나경원의 꼼꼼한 수다

2011년 10월 28일

굽시니스트의 못다 한 이야기

선거에서 패배한 나경원 아줌마는 패배의 원인 중 하나가 나꼼수 주진우 기자의 피부과 저격 때문이라고 생각하셨는지, 곧 법적인 보복 공격에 나섰습니다. 남편분께서 판사 나으리시니 전화 한 통 넣어주면 다 발라버릴 수 있을 것 같았겠지만, 일단 그 전화 한 통 넣은 것부터 딱 걸렸고, 결국 법원에서는 유야무야, 양측 다 없던 일로 하시지요, 라는 판결을 내려주셨다지 말입니다.

뭐 서울시장 선거는 저리 되었지만, 부산 동구청장 선거도 사실 그 중요성이 남달랐던 선거였지요. 과연 신PK 민주세력의 부산 수복작전이 가능할지에 대한 바로미터였지 말입니다. 뭐 결국 한나라당 승리. PK에서의 반민주당 정서는 상상 외로 견고한 것이지 싶습니다. 프로야구 시즌 중에 기아가 롯데한테 그렇게 열심히 피딩해줬는데도!!

해변의 KAFTA

2011년 11월 4일

굽시니스트의 못다 한 이야기

와, 진짜 이 한미FTA 이야기는 정말 너무나 큰 이야기입니다. 당신이 한미FTA 찬성론자든 반대론자든, 그 머릿속에 든 FTA와 그 이후의 세상을 이야기하기 위한 방대한 논거와 정교한 생각들은 전체 그림의 10퍼센트도 차지하지 못할 것입니다. 사실 저를 비롯한 대부분의 사람들에게는 방대한 논거와 정교한 생각은 고사하고, 그저 직관적이고 이해하기 쉬운 단문 몇 문장만이 감정을 움직이게 하지요. 수출 대한민국에 자유무역은 필연적인 운명, 미국의 민주·공화 양당이 쌍수 들고 환영하는 초불평등 조약, 수출 확대 효과, 국제자본에 무방비로 노출되는 국내 산업, 경제 선진화, 신자유주의가 불러올 노동 파탄, 노통이 추진했다, 노통은 결국 반대했다…… 이 짧은 단문들의 포장지 너머에 뭔가 대단히 복잡하고 그 결과가 카오스계에 속할 어떤 문제의 실체가 있겠지요. 삶, FTA, 그리고 그 안에 있는 모든 것들에 대한 답을 원한다면 1백 년 후의 경제사 교과서를 구해볼 수밖에 없겠습니다.

뭐 그렇다고 말할 수 없는 것에 대해서는 침묵하자는 건 아니고, 내 부족한 생각이나마 열심히 말한다면, 그것은 역사를 움직이기 위한 연료의 한 방울로 기능할 수 있으리라 생각합니다.

이 연재분은 4페이지로 그려보라는 〈시사IN〉 편집국의 권유 덕분에 〈시사IN〉 만화 연재 최초로 4페이지로 제작되었으며, 이후 웹 게재분에서의 보충설명 때문에 더욱 증량되었습니다.

엔트로피를 향하여

2011년 11월 11일

굽시니스트의 못다 한 이야기

사실, 정치검찰이니, 검찰 내 정치라인이니 파벌이니 어쩌니 해도, 결국 조직으로서의 검찰은 상명하복으로 똘똘 뭉친 패밀리. 하나의 영혼을 공유하는 1천8백 명의 스톰트루퍼. 여의도 정치가 어떻게 전개되든, 이 조직은 어떻게든 그 지분을 유지하며 영원히 이 나라를 지배하는 한 축으로 존재할 것입니다.

물론 대부분의 검사들은 법치의 수호를 위해 열악한 여건 속에서 불철주야로 범죄와 싸우고 계시리라 믿습니다. 여의도 정치와 엮이는 지점은 검찰조직 내 대다수에게도 좀 꺼림칙한 부분이겠지요. 하지만 역시 정치 이야기꾼들의 눈에 비치는 검사들이란 만만한 권력에게는 개기며 이빨을 드러내고, 조직에 대한 철권관리에는 굽실거리며 배를 드러내는, 그냥 개객기들일 뿐인 게지요(2012년 6월, 일련의 가카 구하기 수사 결과가 웅변하듯).

내가 공부 좀 열심히 해서 검사가 됐다면 그런 강아지 재롱에 정말 능했을 텐데 말이죠……

Pax Sinica

2011년 11월 18일

굽시니스트의 못다 한 이야기

2011년도 우리나라 무역수지 흑자가 총 333억 달러인데, 중국+홍콩에 대한 무역수지 흑자가 764억 달러라는 뉴스를 보고 등골이 서늘한 느낌을 아니 가질 수 없을 것입니다. 뭐, 무역이라는 게 사람들이 생각하는 것만큼 그렇게 직관적인 숫자만으로 설명되는 것이 아니라곤 하지만, 저런 압도적인 수치가 시사하는 바에 대해 생각해볼 필요는 있을 것 같습니다.

저 말썽쟁이 북한의 후견인이며, 미국의 태평양 전략에 대한 도전자, 13억 인민을 전체주의적 관료정으로 다스리는 독재국가, 한국에 대해 영토·역사 분쟁을 걸어오는 침탈자. 저 거대한 제국이 착한 거인이 아니라는 사실은 티베트, 위구르 문제 등을 통해 잘 알려져 있지요.

그런데 우리는 그들을 상대로 하는 장사로 번영을 누리고 있습니다.

우리에게는 과연 저 거인을 상대로 뭔가를 도모해볼 지렛대가 있는가? 미중 대결의 그레이트 게임에서 우리의 정치적·경제적 이익을 지켜낼 전략이 있는가? 이 반도국가가 해양세력 코스프레를 언제까지 해낼 수 있을까? 과연 우리는 지난 60년간 이 나라의 지정학적 가치를 넘어서는 어떤 세계전략적 가치를 창출해냈다고 자부할 수 있는가?

중국은 청일전쟁 이후 1백 년 만에 다시 돌아왔습니다. 사실 생각해보면 2천1백 년 중 1백 년은 극히 짧은 일탈일 뿐이지 싶습니다.

메인스트림트루퍼스

2011년 11월 25일

굽시니스트의 못다 한 이야기

메인스트림이라는 말이 정치적 용어로 흥한 건 역시 2002년 대선 때 이회창 후보의 발언 덕분이었지 말입니다.
단지 다수를 뜻하는 메인스트림이냐, 주도권을 쥔 지도층을 뜻하는 메인스트림이냐, 뭐, 사실 그런 의미 구분에 엄밀할 필요가 별로 없을지도 모르겠습니다. 민주주의 국가의 주도권은 결국 항상 다수에게서 나오기 마련이니까요.
기왕 다수가 지배하는 사회라면, 그 다수는 하나의 다수가 아니라 여러 소수가 연대한 다수이길 바랍니다.

각자의 통합

2011년 12월 1일

굽시니스트의 못다 한 이야기

역사를 보면, 19세기 합스부르크 황가의 제국 유지 실험은 대단히 창의적이면서도 뭘 어떻게 하자는 건지 감이 안 잡히는 그런 것이었습니다. 오스트리아는 프로이센, 기타 등등 떨거지들과 더불어 독일연방을 구성하고 연방회의 의장국을 맡고 있습니다. 그런데 동시에 독일연방에 속하지 않은 헝가리, 체코와 더불어 오스트리아-헝가리 이중제국 간판을 달고 있습니다. 뭔가 독일연방을 유지하면서 독일 근대 민족국가 건설이라는 대의에 참여해야 할 것 같긴 한데, 그렇다고 오스트리아-헝가리 제국에 속하는 비독일 영토들을 놓치고 싶지도 않고…… 그래서 빈의 책사들은 여러가지 연합국가 모델들을 내놨는데 그 모델들이 지향하는 바는 대체로 오스트리아는 독일연방과 오스트리아-헝가리 연방, 이 두 연방에 동시에 속하면 된다는 거죠. 이렇게 좋은 해결책이 있었건만, 비스마르크는 그런 느슨한 연방이 아닌 통일된 근대 민족국가를 만들고 싶어 했습니다. 이 당시에는 오스트리아의 느슨한 연방 구상이 신성로마제국을 부활시키려는 낡고 고루한 생각으로 여겨졌지 말입니다. 이때 오스트리아가 프로이센에게 패하지 않고 두 개의 연방 구상을 성공시켰다면 양차 세계대전은 일어나지 않았으려나? 아무튼 1백 년 후, 유럽은 결국 느슨한 연방인 EU를 만들게 되었으니, 신성로마제국 만세 만세 만만세!

쇄신을 신고 뛰어보자 팔짝

2011년 12월 9일

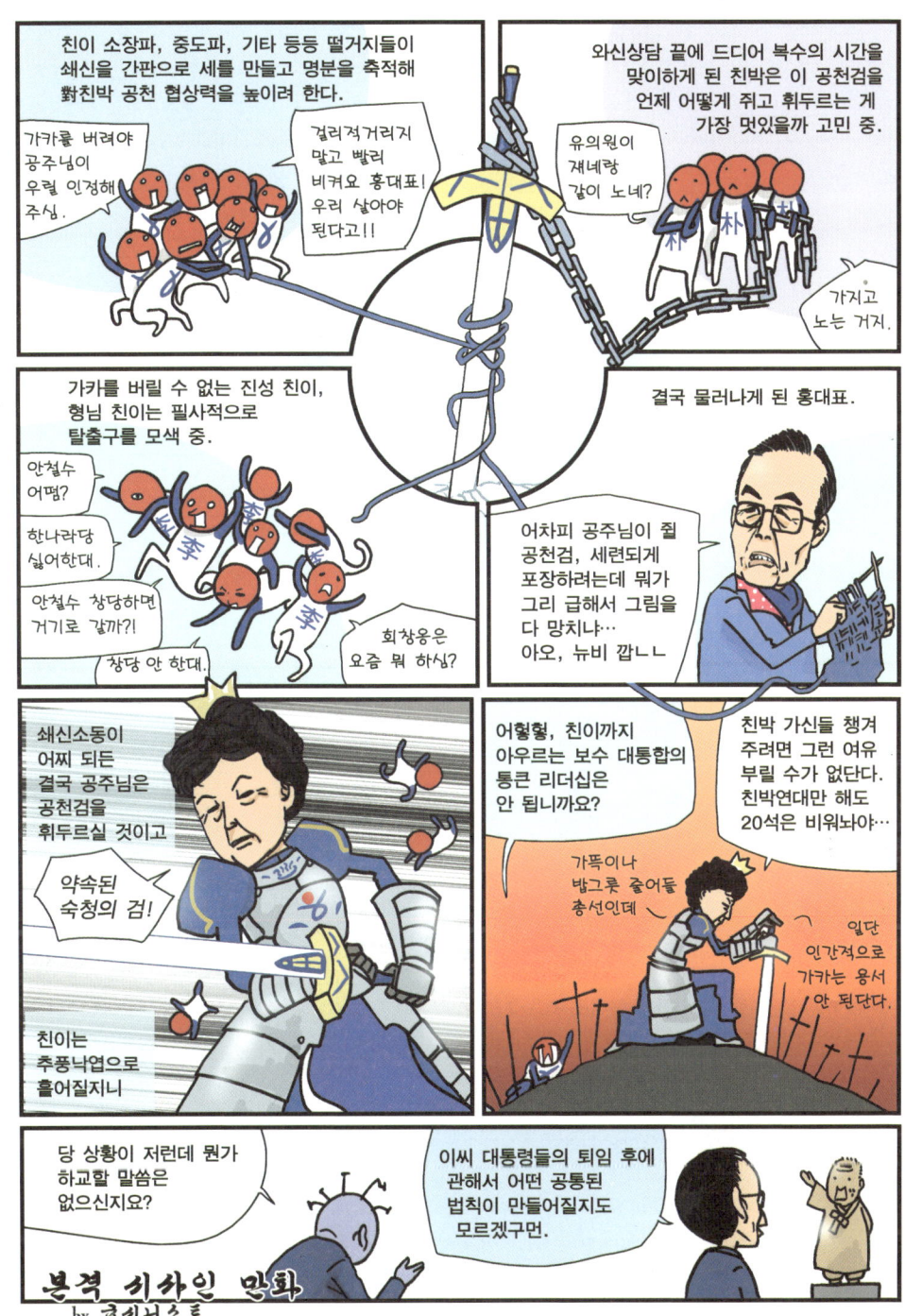

굽시니스트의 못다 한 이야기

공주님이 등판하기 좋은 그림이 딱 완성됐지 말입니다. 무상급식 투표 패배, 서울시장 보궐선거 패배, 디도스 사건 등으로 한나라당에 대한 민심은 바닥을 쳤고 가카는 측근, 가족 비리 문제로 검찰의 쉴드에 의지해 은폐엄폐 중.
7년 전 탄핵사태 때 존폐의 위기에 몰린 한나라당을 공주님이 강림하여 되살려놓았고, 이제 지금 또다시 공주님이 돌아와 당을 부활시킨다는 이 완벽한 메시아 재림의 스토리!
진짜, 공주님은 혈통만으로도 이미 반은 먹고 들어가는데, 정치감각도 과거의 정치 9단들을 초월하는 그런 천재성이 있지 말입니다. 이런 공주님을 이미 한 번 꺾은 우리 가카가 얼마나 대단한 분인지 다시금 감탄하게 됩니다.

제9제국

2011년 12월 16일

굽시니스트의 못다 한 이야기

중국 내 국수주의 풍조가 점점 짙어져간다는 경보가 여러 군데서 울리고 있습니다. 그런 국수주의·민족주의는 피해자의 입장에서 더 쉽게 받아들일 수 있는 것이고, 중국은 근대 중국이 당한 침탈의 역사로 그런 피해자 기믹을 오늘날의 중국에 투사하고 정당화합니다. 덕분에 티베트, 위구르의 피가 쏟아져 흘러들어가도 황하의 색은 변하지 않습니다. 여전히 중국인은 스스로 역사의 무고한 피해자로 남을 수 있습니다. 거기에 태클을 거는 서구 열강이 중국의 주권을 위협하는 나쁜 놈들이 되는 겁니다. 이게 진짜 말 그대로 당한 놈이 더 독하다, 라는 거죠. 이런 중국의 전반적인 배외 분위기 속에서 혐한이라는 것도 딱히 특별한 뭔가는 아니겠지 말입니다. 한국 입장에서는 남의 바다에 와서 살인을 저지르는 중국이 제국주의 침탈자로 보일 수밖에 없다는 점을 중국인들에게 어필할 필요가 있을 것 같습니다.

아무튼 우리도 중국과 더불어 침탈의 근대사를 겪었고 그 피해의식이 강하게 남아 있지만, 솔직히 우리는 엄청 착하게 살고 있는데 말이죠(뭐 일단 주변에 괴롭힐 만큼 만만한 이웃이 없긴 하지만).

bye bye 뽀글이

2011년 12월 23일

굽시니스트의 못다 한 이야기

김정일의 죽음은 17년 전 그 아버지의 죽음에 비해 확실히 임팩트가 적었습니다. 김일성이 죽었을 때는 진짜 당장이라도 세상이 뒤집힐 것 같은 두근거림이 사람들 마음속을 가득 채웠지만, 김정일이 죽었을 때는 테마주가 무엇일까에 대한 추리가 사람들 마음속을 가득 채웠습니다. 이 독재자의 죽음은 그 무렵의 가카 친인척 비리를 살짝 커버하는 뉴스거리밖에 되지 못했고, 사람들은 김정일이 가카에게 목숨을 던져 보내는 생일선물이라고 평했지요.

김정일은 고작 그 정도였던 거지요. 사사로이 물려받은 나라를 더욱 막장으로 몰아넣고 죽은 독재자에 대해 대체 어떤 진중한 얘깃거리가 나올 수 있겠습니까. 두 차례의 남북정상회담으로 한반도 긴장완화에 기여했다고도 하지만 핵과 미사일 개발로 더 큰 긴장과 불안을 불러왔지요. 역사에 기록될 만한 점이 있다면 한반도 역사상 전쟁 시를 제외하고는 가장 많은 자국민을 직간접적으로 죽인 통치자로 남을 법합니다. 훗날 남북 수구세력의 적대적 공존을 설명할 때 그 대표적인 사례로 거론될 만하겠습니다.

아무튼 가카 정부에게 김정일의 죽음은 측근과 가족의 비리를 덮어주는 고마운 뉴스거리였을 뿐, 남북관계에 어떤 새로운 돌파구를 마련하는 계기로는 전혀 활용되지 못했습니다. 가카께서는 대한민국 17대 대통령의 위치에서 대통령의 눈높이로 사고하고 판단할 수 있는 분이 아니었던 것 같습니다.

메리 가카리스마스

2011년 12월 30일

굽시니스트의 못다 한 이야기

저도 교회를 다니고, 가카께서도 교회를 다니시니 우리는 같은 성도입니다. 그럼에도 불구하고 가카를 이리 헐뜯어야 하는 제 마음은 참으로 무겁기 짝이 없습니다. 그래도 이게 다 나라와 민족을 위해, 사회의 윤리도덕 증진을 위해(라고 스스로 믿고 있는 굽시) 그려지는 만화니까 가카께서도 다 이해해주시리라 믿습니다. 뭐니 뭐니 해도 사랑과 용서가 넘쳐나는 성탄절이니 말입니다.

가카 생신은 12월 19일. 사수자리입니다. 사수자리의 성격을 한번 찾아보니 말입니다, '천진난만한 밝음. 다른 일에 일절 신경 쓰지 않고 한곳으로 돌진하는 행동양식. 인생을 확실히 즐기려 함. 산뜻하고 신선한 매력을 느끼며 언제까지라도 소녀의 순수함을 잃지 않는다. 남에게 지기 싫어하고 은밀한 성격이 강해 프라이버시를 중시. 다소 덜렁대는 것처럼 보임. 어수룩해 보인다고 생각하면 큰 오산. 자신의 평판이나 소문에는 민감한 편.'

저는 물고기자리로, 물고기자리와 사수자리의 관계를 볼작시면, 사수자리가 이끌고 물고기자리가 따라가는 관계라고 합니다. 뭐 일단 대통령이 이끌고 국민은 따라가니까 대충 맞긴 하군요.

대표 후보 9인 열전

2012년 1월 6일

굽시니스트의 못다 한 이야기

민주당과 친노, 그리고 기타 등등이 모여 민주통합당을 만들었습니다. 이는 결국 8년 전 민주당과 열린우리당이 분당되기 이전으로 회귀한 모양새가 되었지 말입니다. 허허허. 돌이켜보면 노통의 여의도 전략은 8년의 시간낭비, 민주세력의 약화, 그리고 그 자신의 몰락을 부른 재앙이었다고 여겨질 수 있겠습니다. 1보 전진을 위한 2보 후퇴. 뭐 아무튼, 민주당은 여러 세력들이 힘을 합쳐 다시 전열을 정비합니다. 구민주당 세력과 친노세력 양쪽에서 고른 지지를 받은 한명숙 후보가 대표로 선출되었지요. 이로서 한국 정치사상 처음으로 1당과 2당의 당수가 모두 여자인 여인천하 시대가 열렸습니다.

만화에 패러디된 소재들은 첫 컷이 소녀시대 화보, 한명숙은 〈눈물을 마시는 새〉의 케이건 드라카, 이학영은 YMCA를 부른 빌리지 피플 메인 보컬, 이인영은 〈원피스〉의 해군대장, 이강래는 웹툰 〈노블레스〉의 노블레스, 박용진은 〈슈퍼맨〉, 박영선은 〈코미디 빅리그〉에서 김꽃두레로 열연한 안영미, 박지원은 〈코드 기어스〉의 를르슈입니다.

바람계곡의 그네공주

2012년 1월 13일

굽시니스트의 못다 한 이야기

〈바람계곡의 나우시카〉를 보지 못한 독자들이 많다는 이야기에 무의식적으로 그 독자들이 어른들이어서 이 명작 애니메이션을 보지 못하셨겠거니 하고 생각했는데 실상은 나우시카가 너무 옛날 작품이라 요즘 젊은이들은 접하지 못했다는 이야기였습니다. 이미 1981년생이 스스로의 취향을 젊은 감각으로 자부할 수 없는 시대인 것 같습니다.
그런데 진짜 솔직히, 우리 세대가 어린 시절 향유한 작품들이야말로 진짜 서브컬처의 전설들이 아닌가 생각됩니다. 요즘 제작되는 애니메이션이나 게임들이 어디 그 시절의 걸작들이 가졌던 위용에 비할 바가 있겠습니까. 와, 진짜 꼰대 같은 소리를 하고 있네요.
아무튼 이 무렵 연이은 선거 패배와 디도스 사태 등으로 존폐의 기로에 선 한나라당을 구하기 위해 근혜 공주님은 비대위를 조직, 당의 혁신에 매진합니다. 비대위 인선에서 눈에 띄는 부분은 안철수 교수의 조언자로 알려진 김종인 교수와 1985년생 이준석 위원이었습니다. 와! 이제 드디어 나보다 어린 애들이 정치일선에 등장하는구나 하는 생각에 약간 서글퍼지기도 했습니다. 그래도 저랑 네 살 차이밖에 안 나니까 나우시카는 봤겠지요.
이런 어린 정치인이 강용석 의원에 대해 안 좋게 말한 걸 강용석 의원이 듣고 트위터에서 한판 크게 붙었습니다. 당에서 쫓겨나고 어린 친구에게 모욕당했으니 얼마나 기분이 안 좋았겠습니까. 그리하여 강용석 의원은 이준석 위원의 병역문제에 뭔가 구린 점이 있다며 이준석 위원을 고소했지만 헛발질로 끝났습니다. 이때 강용석 의원은 앞으로 얼마나 더 요란한 헛발질이 기다리고 있을지 아직 모르고 있었겠지요.

간판세탁

2012년 1월 27일

굽시니스트의 못다 한 이야기

한나라당은 아니 이제는 새누리당이라고 불러야지요. 암튼 이 당은 공식적으로는 1989년 3당합당으로 태어난 민주자유당이 쭈욱 이어져 내려온 당이지요. 사실 조금 불만인 게, 사실상의 양당제 국가인 이 나라에서 그나마 민주당은 온갖 오욕으로 점철된 당사(黨史)에도 불구하고 민주당이라는 간판을 몇 십 년간 지켜 내려오고 있는데 반해(물론 시기별로 그 적통이 어디에 있는지에 대해서는 논란이 많지만), 민자당은 1989년 합당 이래 신한국당·한나라당·새누리당이라는 4개의 이름을 가져야 했습니다. 이 23년밖에 안 되는 시기를 기술하면서 같은 정당을 4개의 이름으로 달리 써야 할 후대의 역사가들에게 미안하지도 않습니까?! 한국 정치를 공부하는 외국 학생들에게도 미안해야지요.
우리나라도 미국의 민주·공화 양당의 코끼리와 당나귀처럼 만화가들이 유용하게 사용할 전통 있는 당의 상징이 있으면 좋겠습니다.
아무튼 중요한 건, 새누리당의 당명 변경 발표 전에 그린 이 만화에서 제가 '새누리'라는 당명의 '누리'를 예언했다는 겁니다!

비데위의 문예부흥

2012년 2월 3일

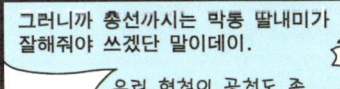

굽시니스트의 못다 한 이야기

이 무렵, 공주님의 비대위는 당의 혁신을 위해 경제민주화로 대표되는 진보적인 정책들을 들고 나왔습니다. 뭐 생각해보면 오늘날의 우파 신자유주의 수구세력 대 좌파 복지주의 진보세력이라는 구도는 6공화국 들어서 윤곽이 잡히기 시작한 이야기지요. 박통 독재는 신자유주의보다는 오히려 좌파적 성격에 가까운 것이었고, 기업을 무력으로 강탈하는 5공화국의 행태는 좌우를 떠나 고대 약탈 왕정을 떠올리게 합니다. 그러니 공주님이 왼쪽을 향해 살짝 스텝을 밟는다고 해서 무슨 경천동지처럼 받아들일 필요는 없겠지요. 이 나라의 보혁 정치구도는 보편적인 좌우 정치구도에 대입하기에는 아직 한국적 특수성을 더 많이 띠고 있다는 사실을 유념할 필요가 있겠습니다.

당의 정책적인 혁신뿐 아니라 인적 혁신도 중요시되었기에(사실 이 인적 혁신이 친이 숙청의 핵심) 김현철 소장은 결국 공천에서 탈락했습니다. YS가 이 사실을 가슴에 담아두고 있을지 어떨지는…….

해를 품은 당

2012년 2월 10일

굽시니스트의 못다 한 이야기

MBC 드라마 〈해를 품은 달〉은 정은궐 작가의 동명 로맨스 소설을 원작으로 제작, 한가인·김수현 주연으로 방영되어 폭풍 같은 인기를 끌어모았습니다. 덕분에 정은궐 작가의 책도 불티나게 팔려 장안의 종잇값을 폭등시켰습니다. 〈성균관 유생들의 나날〉에 이은 두 번째 잭팟이지 말입니다. 이 정은궐 작가님은 매체 노출을 꺼려하시는지라 알려진 바가 거의 없는데, 미모의 30대 중반 커리어우먼이라고 합니다. 사실 굽시니스트도 매체 노출을 꺼려해서 알려진 바가 거의 없는 만화가죠. 30대 초반의 잘 생긴 백수라고 합니다.

드라마 〈해를 품은 달〉은 제작진의 MBC 파업 동참으로 중간에 결방 위기, 총집본 땜빵 방영을 겪어야 했지요. 덕분에 대한민국 아줌마들이 MBC 파업이 도대체 무엇인고 하고 관심을 갖는 계기가 되었습니다. 그러거나 말거나, 개인비리만으로도 이미 구속수사 피해 야반도주했어야 할 양반이 MBC가 망하든 말든 제 한 자리, 제 패밀리, 우리 가카 지키겠다는 우국충정으로 버티고 앉아 계십니다. 뭔가 끝까지 항복 안 하고 독일 국민 전체와 동반 자폭하겠다던 히틀러의 말기와 비슷한 단계에 와 계신 게 아닌가 싶습니다.

작은 가카 이야기

2012년 2월 17일

굽시니스트의 못다 한 이야기

〈작은 하마 이야기〉는 해외 웹툰 Poorly Drawn Lines의 한 화로, 한국에 번역 소개되어 넷상에서 선풍적인 인기를 끌어모았습니다. 그 선풍적인 인기를 등에 업고 제작된 패러디의 숫자는 세자릿수. 엄청난 고퀄리티 작품들이 쏟아져 나왔으며, 심지어는 3D 애니메이션으로까지 제작되었고, 급기야는 노래로 만들어져 뮤직비디오까지 나왔습니다. 그런 〈작은 하마 이야기〉 패러디 양산 풍조에 대해 논하는 메타픽션 만화까지 나왔으니, 정말 짧고 굵게 한 시기를 풍미한 대작이라 아니 할 수 없습니다. 저도 그 시류에 동참, 작은 가카 이야기를 한 페이지 그렸습니다. 그리고 그 밖의 다른 화제성 있는 작품들도 소개하는 페이지를 그려보았습니다. 이 〈시사IN〉 만화는 넷상에서 언급할 만한 서브컬처 작품들을 소개한다는 취지도 있는 만화니까 말입죠.

단일화잇힝

2012년 2월 24일

굽시니스트의 못다 한 이야기

민주당과 통합진보당의 단일화 전선은 민주당에게는 득과 실의 양이 같아 결국 플러스 마이너스 제로였다고 평해지기도 합니다. 특히 오랜 시간에 걸쳐 지역구를 일궈온 지역 정치인들에게 강요된 단일화를 위한 양보는 정말 받아들이기 힘든 것이기에, 그 한의 축적을 생각해보면 오히려 실의 측면이 더 클 수도 있습니다. 아무튼 그렇게 힘들게 만든 단일화 약발도 시원찮아서 4·11 총선 결과가 만족스럽지 못했지요. 지지율 몇 퍼센트에 몇 퍼센트를 더하면 승리라는 정치공학적인 설계는 결국 제대로 한계가 있기 마련인 것 같습니다.

만화 초반부에서는 이 무렵의 인기 AOS게임인 〈리그 오브 레전드〉의 캐릭터들을 패러디했습니다. 강용석 의원이 박원순 시장의 아들 척추를 걸고 넘어졌다가 오히려 자신이 걸려 넘어진 슬랩스틱 코미디 쇼가 이 무렵의 일입니다. 강용석 의원은 지금은 TV조선의 모 시사프로그램을 진행하고 계시다고 합니다.

빅게임 참가 자격증

2012년 3월 2일

굽시니스트의 못다 한 이야기

탈북난민에 대한 중국의 강제북송은 그 결과가 야기하는 심각한 인권유린으로 크게 지탄받아 마땅하지 말입니다. 그런데 사실 중국이라는 나라가 티베트, 위구르 문제에서도 보여지듯 동네 사람들의 지탄이라는 것에 대해 코딱지만큼도 신경 쓰지 않는 대인배지요. 중국 사람들은 원래 현찰만 좋아하니까 말입니다. 실물이 오고 가는 외교게임이 필요한 영역이라 할 수 있겠습니다.

그런데 이 무렵 몇몇 한국 정치인들께서 제네바에서 열린 유엔인권이사회를 찾아가 북한 대표들과 몸싸움을 벌이셨지요. 자연인으로서 저런 악행에 의분이 끓어오름은 당연하겠지만, 이를 국제회의장에서 그런 식으로 분출한 것에 대해 그 자리에 계시던 한 NGO 목사님의 책망이 있었습니다. 탈북난민 인권문제는 세계인들에게 어떤 정치영역을 떠나 보편적 인권문제로 말해져야 할 것이고 이를 위해서는 정치와 거리를 둔 NGO의 활동이 호소력이 있다고 말씀하십니다. 그런데 제네바에 온 한국의 국회의원들, 즉 '한국 정부'를 대표하는 이들이 북한 대표들과 몸싸움을 벌이는 광경을 본 세계 각국 대표들은 그 문제에 남북 간의 정치적 대결 양상이 깃들어 있다고 생각하게 된다는 거지요. 대결 양상을 보이는 두 국가 중 한 국가가 상대편 국가의 인권문제를 지적하며 세계의 동의를 구하려 하면, 오히려 정치적으로 이용되는 것을 끔찍이 싫어하는 세계 인권운동가들의 보폭을 좁히게 될 뿐이라고 합니다. 때문에 정의의 나팔을 부는 역할은 국가, 정치인들이 아니라 NGO여야 한다는 거죠. 사람들은 특정 '정부'가 정의의 나팔을 부는 것을 대단히 냉소적으로 바라본다는 겁니다. 국가의 역할은 그런 나팔불기에 있는 게 아니라, NGO를 물밑에서 지원하고 베이징을 상대로 실제적인 거래, 외교 게임을 벌이는 데 있다고 합니다(물론 목사님께서는 정부 지원에 불만이 있는 NGO 인사시니 그렇게 말씀하셨겠지만). 이는 반기문 총장이 탈북자 문제 해결에 '조용한 외교'를 주문한 바와 통하는 부분이지요. 그런 국제적인 차원의 이야기가 아니더라도, 중국 공안에 잡힌 탈북난민들이 북한으로 송환되어도 어쩌저찌 잘할 경우 '단순월경' 혐의를 적용해 '탈북'보다 훨씬 가벼운 처벌로 끝날 수도 있지만, 그런 경우까지 우리 정부가 나설 경우 북한으로 송환 시 생명을 보장할 수 없게 된다는 거지요.

아무튼 오랜 기간 연변에서 탈북난민 인권운동을 하시고 중국 감옥까지 다녀오신 전문가의 고견에 정부가 귀 기울일 수 있기를 바랍니다(지원도 좀 제대로 해주고).

에, 또, 그리고 거기서 고위직 탈북자분을 만났었는데, 이야기를 엄청 맛깔나게 잘하시는 분이었지요. 그분이 들려주신 북한의 필로폰 제조, 유통, 수출 실태 이야기는 굉장히 흥미로웠습니다. 그래서 그 이야기를 만화에 꼭 써먹어야지 하고 보관해뒀다가 이 연재분에 썼었는데, 북한발 마약에 대한 중국 쪽 관점의 이야기가 상당히 거북스러운 구석이 있는지라, 단행본에서는 그 이야기를 뺐습니다. 그분은 가족을 데리고 오려고 다시 북한으로 들어가셨는데 다행히 잡히지는 않았지만 북한에서 병환으로 돌아가셨다고 합니다. 삼가 명복을 빕니다.

화씨 411

2012년 3월 16일

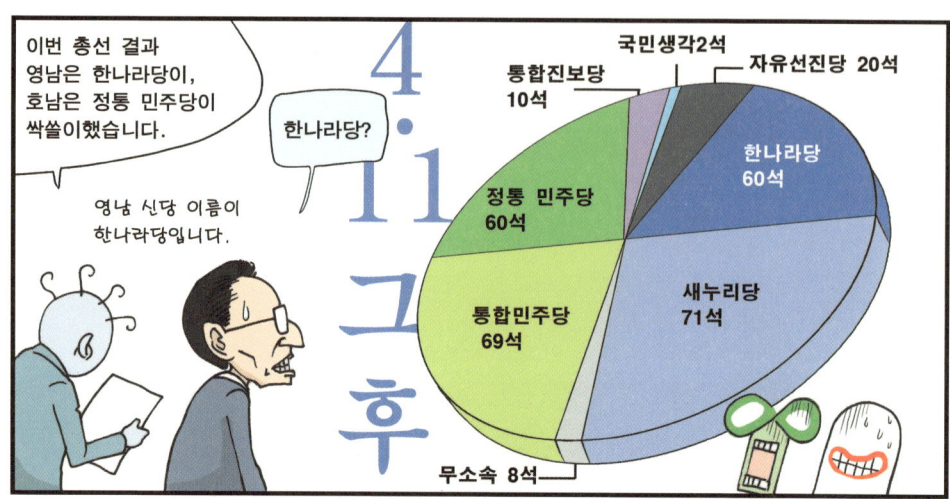

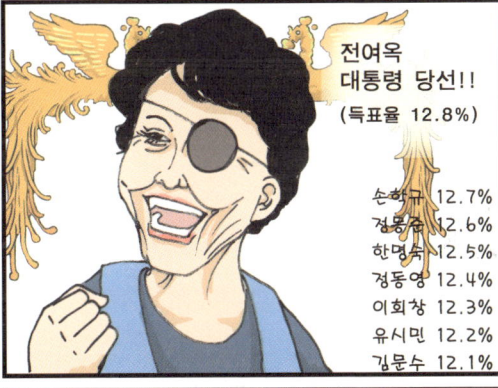
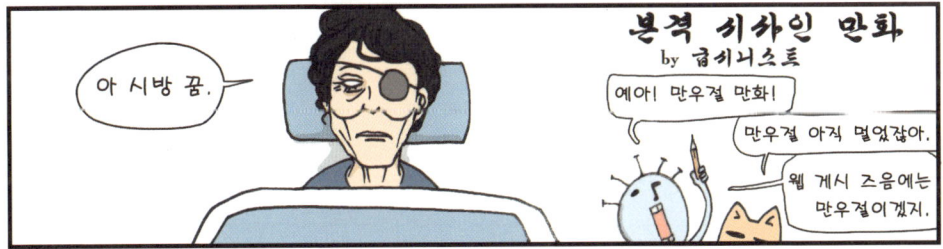

굽시니스트의 못다 한 이야기

이 연재분에서 가장 중요한 포인트는, 첫 컷의 그래프입니다. 저 그래프에서 보수정당의 표를 다 합치면 153석, 이는 4·11 총선에서 새누리당이 얻은 152석과 자유선진당의 5석을 합친 157석에 매우 근접하는 수치지요. 총선 전 대부분의 평론가들이 야권의 승리를 점칠 때, 이 굽시는 냉철한 분석으로 여권의 승리를 예측할 수 있었던 겁니다! 민주당의 의석 수도 실제 결과인 127석에 대단히 근접한 129석! 와, 진짜 완전히 책상 아래 작두 깔고 만화 그립니다. 총선이 끝나고 각 정당의 싱크탱크나 대기업 기획실, 여론조사기관에서 스카우트 제의가 쇄도할 줄 알았는데 이 예측 사실 자체를 알아주는 사람이 한 명도 없더군요.

로켓 한 기

2012년 3월 30일

뒤를 흘끔흘끔 돌아다보며 얼마를 허덕이며 달아나더니 별안간 우뚝 선다. 서서 페어링이 제대로 분리되나 만져보는 것이다. 거친 손가락이 누더기 위로 로켓을 쓰다듬을 때 그는 다시 웃는다.

그리고 또 얼마를 걸어가다가 철산군 위성 발사장으로 찾아 들어가더니 지하갱도 밖에 쪼그리고 앉아서 로켓을 발사대에 세우고 연료를 주입하고 있었다. 그가 어찌나 열중해 있었는지 내가 감시위성으로 보고 있는 줄도 모르는 모양이었다.

누가 그렇게 많이 도와줍디까?

하고 나는 물었다. 그는 내 말소리에 움찔하면서 로켓에 위장망을 쳤다. 그러고는 떨리는 다리로 일어서서 달아나려고 했다.

염려 마십시오. 폭격하지 않소.

하고 나는 그를 안심시키려 하였다.

한참 머뭇거리다가 그는 나를 쳐다보고 이야기를 하였다.

"이것은 훔친 것이 아닙니다. 어디서 얻은 것도 아닙니다. 누가 저 같은 놈에게 로켓을 줍니까? 제대로 돈 벌어본 적이 없습니다. 식량지원 받기도 열에 한 번이 쉽지 않습니다. 아버지 때부터 한 푼 한 푼 얻은 돈에서 몇 닢씩 모았습니다. 이렇게 모은 돈으로 인민들 두 끼 먹을 거 한 끼 먹이며 미사일을 만들었습니다.

이러기를 스무 번을 하여 겨우 이 귀한 위성 발사체 하나를 갖게 되었습니다. 이 로켓을 만드느라고 20년이 더 걸렸습니다."

그의 뺨에는 눈물이 흘렀다.

왜 그렇게까지 애를 써서 그 로켓을 만들었단 말이오? 그 로켓으로 무얼 하려오?

하고 물었다. 그는 다시 머뭇거리다가 대답했다.

이 ~~ICBM~~ 로켓 한 개가 갖고 싶었습니다.

이 사찰파일 한 개가 갖고 싶었습니다.

이 깃털 한 개가 갖고 싶었습니다.

이 박물관 식당 한 개가 갖고 싶었습니다.

이 금 배지 한 개가 갖고 싶었습니다.

굽시니스트의 못다 한 이야기

총선을 앞두고 평양발 로켓쇼가 한 차례 벌어집니다. 중요한 선거가 있을 때마다 튀어나오는 저 적대적 공생관계 응원 타이밍은 이제 별로 신기하지도 않습니다.
사실 북한으로서는 모처럼 미사일 사갈 나라들 참관단 모시고, 외국 기자들까지 불러놓고 요란하게 벌인 로켓쇼가 우스꽝스러운 불꽃놀이로 끝났으니 망신이 이만저만이 아닙니다. 사실 나로호 로켓의 거듭된 발사 실패에서 알 수 있듯이 로켓이라는 게 꽤 높은 수준의 기술을 요하는 장난감인지라 북한의 실패는 오히려 당연해 보이기까지 합니다. 더군다나 그것이 다시 대기권으로 들어와 목표를 타격해야 하는 ICBM이라면 앞으로 갈 길은 더욱 막막한 일이죠. 일각에서는 평양도 애초에 로켓 발사가 성공하기 어렵다고 판단했지만 이를 끝까지 미국과의 어떤 거래 카드로 쓰려고 했고, 마지막 순간에 이르러 발사 실패의 형식으로 미국과 모종의 합의를 봤다는 설도 제기됩니다. 혹은 미국은 발사 성공이 애초에 어려울 것을 알았기에 시종일관 차갑게 응대했다고 합니다. 어찌 되었든 저 거지 왕정의 수억 달러짜리 불꽃놀이는 화려하게 막을 내렸고 인민들의 충성도는 1 정도 하락했겠지요.
아무튼 중요한 건 그런 게 아니라, 이 무렵에 오바마 대통령께서 핵안보 정상회의 참석차 방한하시어 첫 컷에 그려진 대로 한국외국어대학교를 방문하셨다는 겁니다. 이후 외대 학생식당 메뉴에 오바마 정식이 생겼다는 전설이 전해져 내려옵니다.

사찰게이트

2012년 4월 6일

굽시니스트의 못다 한 이야기

사찰파문이 터져나왔을 때, 몇몇 사람들은 한국판 워터게이트 사건이 터졌고 가카가 임기를 채우지 못하시겠구나 하고 생각했더랬습니다. 하지만 이들은 이곳이 미국이 아니고 우리 언론은 〈워싱턴 포스트〉가 아니라는 점을 간과했지요. 그리고 아니나 다를까 2012년 6월, 검찰의 사찰게이트 수사 종결 발표로 진실은 저 너머로.
아무튼 그런 사찰 정보의 위력에 대해 논해볼작시면, 영화 〈에드거 후버〉를 봅시다. 무려 레오나르도 디카프리오가 에드거 후버 역으로 열연했다굽쇼! 사실 영화 자체는 정치물이라기보다는 늙은 게이커플 영화지만 말이죠. 영화에서 에드거 후버는 개객기지만 나름대로는 애국자로 그려집니다. 닉슨에게 사찰자료를 넘기지 않기 위해 비서에게 사찰자료의 파기를 유언으로 남기고 죽음을 맞이합니다. 공식적으로는 그렇게 후버 파일이 파기되었다고 하지만, 실제로 후버 파일이 어떻게 되었는지는 아무도 모릅니다. 후버의 죽음과 함께 감쪽같이 사라진 후버 파일. 오늘날 미국인들에게 후버 파일은 일종의 도시전설로, 사람들은 그 후버 파일에 케네디 암살에서 UFO의 진실까지, 사람들이 궁금해하는 모든 것이 들어 있다고 믿고 있습니다. 미스터리 마니아들의 성배인 거죠. 드라마 〈X파일〉의 모티브가 바로 그 도시전설 속의 후버 파일이라고 합니다.
혹시 누가 알겠습니까. 우리 가카의 사찰파일도 언젠가는 도시전설 속에서 MB 파일이라는 이름으로 21세기 초 대한민국의 모든 비밀이 담겨 있는 성배로 회자될지 모를 일이죠.

4·11- 멘붕절

2012년 4월 13일

굽시니스트의 못다 한 이야기

선거의 여왕, 여왕의 선거. 근혜 공주님의 신묘한 전략전술과 야권의 지리멸렬이 만들어낸 새누리당 과반 승리는 야권 전체를 멘붕으로 몰고 갔습니다. 선거 패배 책임론으로 한명숙 대표가 날아가고, 김용민 후보가 덤터기를 씁니다. 원래 저격수들은 스스로 자신의 취약점을 살펴 갈리슈트를 뒤집어쓰고 죽은 듯이 은폐하고 총탄을 날려야 하는 법인데, 분위기 타서 돌격소총 들고 뛰쳐나가면 당연히 자석처럼 총알 폭풍을 끌어들여 벌집이 되기 마련이지요. 조중동식 싸움을 가장 잘 안다는 사람이 스스로 그 십자포화 속으로 뛰어들어간 만용의 결과는 억울해도 어쩔 수가 없다고 생각합니다.

한편 충남에서는 4석으로 쪼그라든 선진당의 당권이 불사조 이인제 의원에게 넘어갔습니다. JP·회창 옹·심대평 지사로 이어져 내려온 충남왕의 왕통을 드디어 정계의 풍운아가 계승! 금강의 요동치는 물길에서 다시금 용오름을 기대할 수 있을 것인가!

소돔과 청와대

2012년 4월 27일

굽시니스트의 못다 한 이야기

정권의 그 모든 얽히고설킨 어둠의 실타래를 풀어내기 위한 첫 칼질이 파이시티 게이트로 시작되나 봅니다. 이제 너무나 유명한 박영준 씨부터 시작해서 형님대군, 방통대군, 그리고 거슬러올라가면 서울시장 시절의 가카에게까지 닿는, 그야말로 정권 전체를 날려버릴 폭탄이 5년간 지하실에서 잠들어 있었군요. 이걸 시작으로 고구마 줄기 뽑듯이 줄줄이 뭔가 뽑혀져 나오길 기대해보기도 하지만, 검찰이 워낙 대한민국 검찰인지라 잘 모르겠습니다.

만화 첫 부분은 성경에 나오는 소돔과 고모라의 멸망 전, 신과 아브라함의 교섭 내용입니다. 저 사탄의 변기 뚜껑같이 더러운 소돔과 고모라(이 두 도시 이름을 합쳐서 고담이라 합니다)에 혹시 10명이라도 의인이 있다면 멸망치 아니하겠다셨지만 의인 10명도 없었다고 합니다. 이 이야기를 좀 더 확장시켜볼작시면, 유대인들은 이처럼 신이 보시기에 의로운 소수의 의인들이 세상의 멸망을 막고 있으며, 이들을 라미드 우프닉스라고 부른다고 합니다. 소설 〈퇴마록〉에서는 이 세상의 멸망을 막는 35명의 의인 라미드 우프닉스가 존재한다고 나오지요. 이들은 일단 신이 보기에 의인일 정도로 굉장히 착한 사람들이고 스스로가 라미드 우프닉스라는 걸 모른다고 합니다. 죽으면 다른 곳에서 바로 다른 라미드 우프닉스가 태어난다고 합니다. 대충, 세상이 아무리 흉흉해도 테레사 수녀님 같은 사람 35명이 언제나 어딘가에 존재하기 때문에 이 세상은 멸망하지 않는다는 훈훈한 얘기 되겠습니다(물론 〈퇴마록〉에서는 전혀 훈훈한 이야기가 아닙니다만).

이 무렵 김문수 경기도지사는 공주님을 무려 대권 경쟁자로 인식하고 계신 듯, 대공주님 경쟁전략이 경기도청에서 작성되었다가 들통나서 구설수에 오르셨지요.

제각각의 내홍

2012년 5월 3일

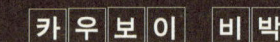

굽시니스트의 못다 한 이야기

총선 후 새누리당은 근혜 공주님의 패권 아래서 친이 잔당들이 비박이라는 이름으로 힘을 합쳐 무의미한 저항을 시작했습니다. 민주당에서는 '박지원 원내대표-이해찬 대표'라는 박-이 동맹에 정치적 야합이라며 반박 비난이 빗발쳤었습니다. 그리고 통합진보당의 사정을 볼작시면, 이건 내홍 수준이 아니라 내전에 돌입했지요. NL계 당권파의 비례대표 경선 비리 의혹으로 말미암아 경기동부연합의 실체가 떠오르고 종북논란이 터져나오고 전당대회 폭력사태가 발생하고 아틀란티스 대륙이 떠오르고 적그리스도가 로또에 당첨되고 우리 집 변기는 일주일째 막혀 있고 하여간, 4·11로 멘붕한 진보 지지층의 멘탈을 마지막 한 줌까지 안드로메다로 날려버리는 막장 드라마가 시작됩니다.

패러디된 작품은 첫 컷의 카우보이 비박, 아니 비밥. 이건 진짜 OST만으로도 1백 년 후까지 회자될 작품이죠. 카더라 통신에 의하면 키아누 리브스가 이 작품의 영화화에 관심이 있다는 설이······.

통합진보당의 죽고 죽이는 혈전은 역시 〈마법소녀 마도카☆마가카〉입니다. 몇 번을 타임리프해도 이 막장을 벗어날 수는 없겠죠.

좋은 날

2012년 5월 11일

굽시니스트의 못다 한 이야기

이정희 전 통합진보당 대표가 어쩌다가 '정계의 아이유'라는 어마어마한 별명을 얻게 되었는지 그 기원에 대해서는 논란이 분분합니다. 가장 유력한 설로는 2011년 5월 21일 서울광장에서 열린 노무현 전 대통령 2주기 추모행사에서 김어준 총수와 함께 사회를 본 김용민 씨가 이정희 후보를 띄워주며 '정치권의 아이유'라고 칭한 게 시초라고 합니다.

뭐 아무튼 그런 건 중요한 게 아니고, 이정희 전 대표 정도 되는 정치인도 결국은 경기동부연합인지 일루미나티인지 밀본인지 하는 NL조직의 얼굴마담에 불과했다는 사실이 충격적인 거죠. 뭐 그래봤자 종북 주체사상의 어리석음을 현실 정치에 투사해보려는 시도는 대의민주주의의 벽에 부딪쳐 딱 저 정도 선에서 막히는 법이죠. 이 사태를 두고 보수진영 전체가 놀라서 1초마다 한 번씩 팬티를 갈아입으며 죽는 시늉을 하고 있지요. 예전에 본 재미있는 동영상, 펭귄이 밟고 지나가자 척추 나갔다는 듯이 절규하며 엄살떠는 바다 코끼리가 떠오릅니다.

이 계절에는 마가 끼었어

2012년 5월 18일

굽시니스트의 못다 한 이야기

이 만화를 그리고 얼마 후에 전두환 전 대통령의 육사생도 사열이 문제가 되었습니다. 역시 굽시니스트는 선견지명이 있다니까요. 하긴 생각해보면 대통령 취임식 때도 꼬박꼬박 참석하는 양반이 육사 사열쯤이야 뭔 문제가 있겠습니까.
뭐 결국 문제는 우리 현대사 서사의 큰 뿌리가 아직까지도 굳건히 뿌리내리지 못해 언제라도 굴종주의에 침탈당해 썩어버릴 수 있다는 점이겠지요. 현실적으로 쿠데타와 유신 총통 딸의 내년 대통령 취임이 거의 기정사실이니…… 1996년 역사 바로 세우기 이래 16년, 우리가 일단 바로 서지 않으면 그 무엇이든 바로 세울 수 있으리오.

G아블로

2012년 5월 25일

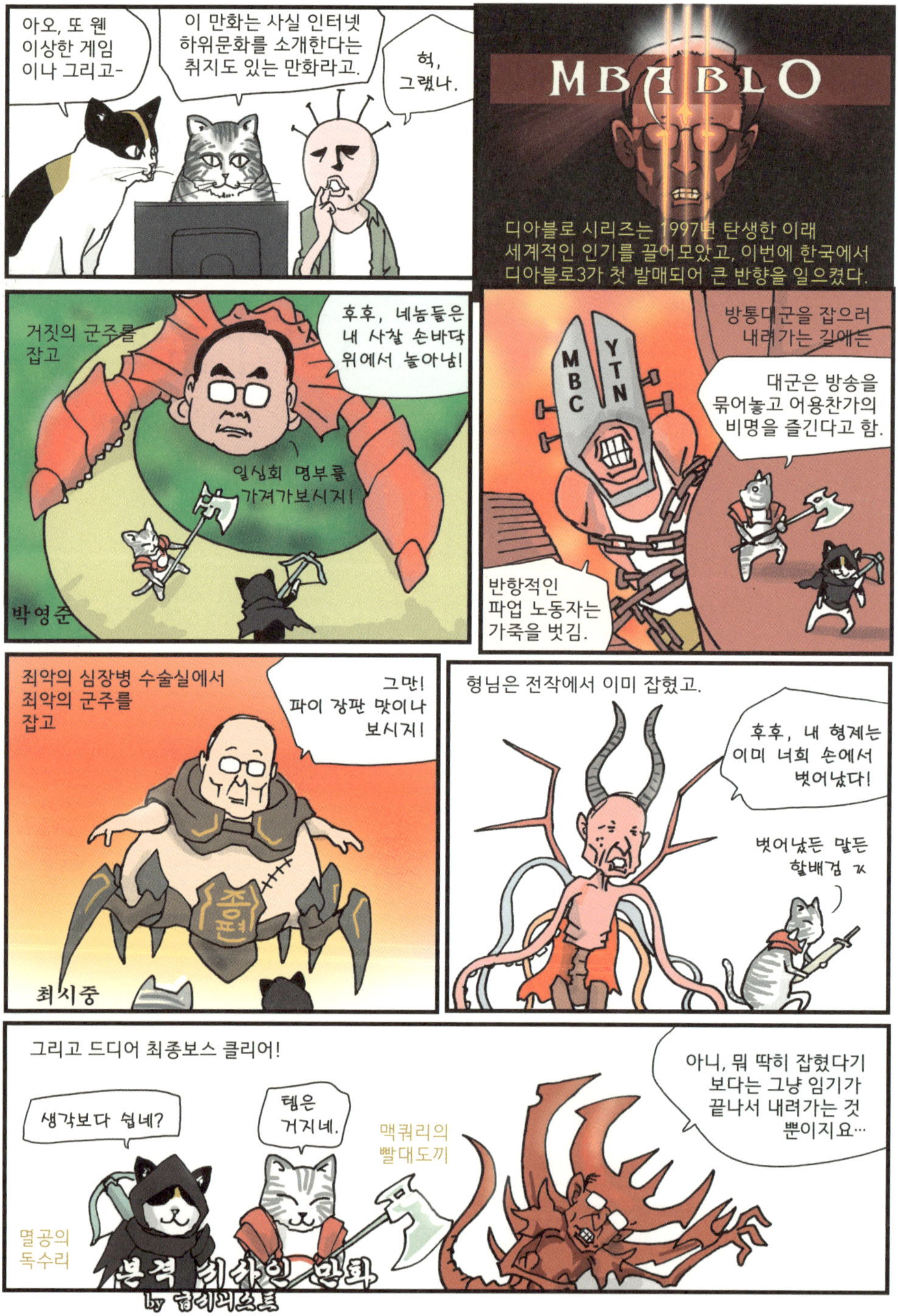

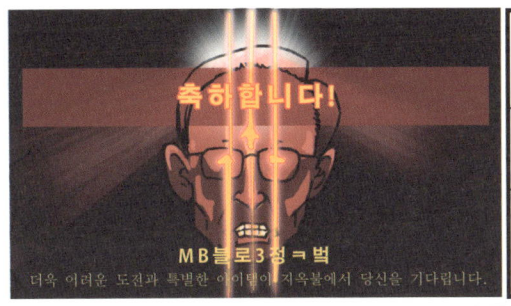

굽시니스트의 못다 한 이야기

12년의 세월을 기다린 끝에 드디어 〈디아블로3〉가 발매되었습니다. 뭐 그냥 마귀사탄 때려잡는 액션 RPG라고 치부할 수도 있지만, 그 분위기의 잔혹한 중후함은 이 게임을 대단히 특별한 뭔가로 만들었습니다. 〈디아블로3〉 발매 오프닝 행사를 왕십리역에서 했는데, 전날부터 밤새워 기다린 사람들이 장사진을 이뤘지요. 이 게임 스토리의 특징이라고 하면 역시 '타락'을 들 수 있겠습니다. 소울스톤 때문이든 조단령 때문이든 이 게임의 인물들은 허구한 날 타락합니다. 악에 사로잡히지요. 그리고 마귀사탄 대마왕을 때려잡아도 딱히 희망이 승리하는 것 같지도 않습니다. 아니, 일단 더 빡센 다음 난이도가 기다리고 있지요. 뭐, 제가 딱히 이런 암울한 스토리를 우리 사회와 비교하자는 건 아니고요, 그냥 이런 대단한 게임이 요즘 유행이었다더라, 라는 정보 전달을 위한 만화일 뿐입니다. 그리고 블리자드가 서버운영에 성의가 없는지, error37이라는 접속불가 메시지가 자주 떠서 사람들의 원성이 자자했지요.

가카는 지옥의 대군주 디아블로로, 박영준 차관은 거짓 군주 벨리알로, 방통대군은 죄악의 군주 아즈모단으로, 형님은 〈디아블로2〉의 메피스토로, 근혜공주님은 게임의 히로인인 레아로, 박지원 의원은 대천사 임페리우스로 그려졌습니다(대천사라고 딱히 좋은 역할은 아닙니다).

김정일 개객기

2012년 6월 1일

굽시니스트의 못다 한 이야기

그 왜, 일본에서 옛날 막부시절에 크리스천들을 색출하기 위해 '후미에'라는 방법을 썼다고 하지요. 용의자들에게 예수님 십자가상이나 성모 마리아상을 밟고 지나가도록 하여, 밟지 못하면 처형. 그런 후미에가 21세기 초 한국 넷상에서는 매우 광범위하게 사용되었다고 합니다. 물론 넷상이니까 개객기 어쩌고가 가능한 거지, 강의실에서 교수님한테 '김OO 개객기 해보세요'라거나 소개팅에서 '저, 실례지만 김OO 개객기라고 말씀해주실 수 있을까요' 할 수는 없겠지요. 넷상의 언어, 소통활동이 부딪히는 여러 막장스러운 상황 중 하나라 하겠습니다. 이건 사실 질문자, 심문자의 심리에 더 주목할 만한 이야기지요. 보편타당한 메인스트림에의 소속감, 그 수호자로서의 긍지, 가소로운 대적자에 대한 경멸, 대상에 대해 일시적인 통제력을 갖는 쾌감, 김정일 개객기로 하나되는 대한민국의 한 마음 한 뜻…… 이게 뭔가 논할 가치가 있는 이야기인지 모르겠습니다. 그냥 2페이지를 낭비한 것 같아요.

제독의 결단

2012년 6월 8일

굽시니스트의 못다 한 이야기

이 거대한 정치 게임을 해전이라고 한다면, 여기 참가하고 있는 플레이어들은 각각의 함선으로 비유될 수 있겠지요. 안철수 교수 같은 경우는 아직 출항하지 않은 결전용 초거대 전함일 수 있을 거고, 나꼼수 같은 저격팀은 잠수함들로 비유될 수 있겠습니다. 진중권 교수라면 수상 정찰기, 강용석 변호사 같은 경우는 인간어뢰 카이텐. 저 같은 만화가조차 아이스크림 운반선 정도의 역할은 할 수 있겠습니다. 그리고 이 바다가 바로 대한민국 시민사회겠지요. 유권자들이라는 해류는 이쪽에 유리하게 흐르기도 하고 저쪽에 유리하게 흐르기도 하며 양 함대를 위대한 항로로 인도합니다. 이 해류를 잘 탈 수 있도록 함대를 일사불란하게 지휘할 수 있는 지휘체계를 갖춘 쪽이 결국 승리할 가능성이 높겠지요.

그런 당내 지휘체계 차원의 이야기를 떠나서, 사실 이 대한민국 전체를 지휘하기 위해서는 그런 효율적인 독재의 기질을 가진 지도자가 필요하다고 여기는 사람들이 많습니다. 물론 그런 독재가 옛날처럼 무력과 통제를 통한 독재가 아니라, 여의도 정치와 관료조직, 재계, 노동계, 시민사회 등을 탁월한 교섭력과 정치력으로 휘어잡고 사람들이 원하는 바에 즉각즉각 대응해주기를, 그리고 그 모든 그림이 어떤 갈등도 없이 때깔나게 뽑아져 나오기를 바라는 거죠. 하지만 사실, 인구 4천8백만 명의 고도산업사회 복잡계에서 그런 퓨전 사극에나 나올 법한 지도자와 사회가 움직이는 모양새를 기대하는 건, 좀 몽상적인 구석이 없지 않나 싶습니다.

백살공주와 일곱 난쟁이

2012년 6월 15일

굽시니스트의 못다 한 이야기

흠, 분량을 정확하게 새누리당에 한 페이지, 민주당에 한 페이지씩 배분했군요. 이것이 바로 전혀 중립적이지 않은 만화가의 정치적 중립 코스프레. 뭐 딱히 대단한 내용은 아닙니다. 새누리당에서는 비박 대선주자들이 국민경선을 주장하며 공주님의 대세론을 흔들고 있고, 민주당에서는 이해찬 대표가 간신히 대표에 선출되어 당내 주류 3각 동맹을 구성했다는 이야기지요. 혹여 기분 나쁘실 수도 있는 2PM, 2AM 팬 여러분께는 심심한 사과의 말씀을 올립니다.

아무튼 뭔가 의미 있는 만화를 그려야 되는데 말이죠. 이 다시 없을 정치의 해 2012년도 벌써 반이 지나가버렸는데 만화로 이룬 것이 아무것도 없습니다. 현실은 밀물처럼 밀려왔다 썰물처럼 물러가고, 그 자리에 남은 소라 껍데기를 주워모으며 신기해하는 동안 다시 밀려오는 밀물은 이전의 그 물이 아니군요. 2페이지씩 남기는 이 만화는 미래를 내다보기는 고사하고 현실을 저 멀리서 뒤쫓아가기에도 힘에 부칩니다. 고통받는 소수를 위한 애태움도 없고 부당한 강권을 향한 저항도 없이 그저 어리석은 백수의 잠깐잠깐 스쳐 지나가는 도락을 위한 펜놀음일 뿐. 무엇을 이야기할 것인가, 무엇으로 이야기할 것인가, 어째서 그 이야기를 해야 하는가. 원고가 쌓여갈수록 어리석은 회한만 더해갈 뿐이니, 샤프펜은 더욱 무거워 두 손으로도 들 수 없습니다.

i- coup d'état

2012년 7월 20일

굽시니스트의 못다 한 이야기

아마 중학생 때였나, 정주영 회장의 〈시련은 있어도 실패는 없다〉를 읽고 거기서 묘사된 박정희 대통령의 뛰어난 지도력에 크게 감탄했습니다. 이후 각종 매체를 통해 박정희 대통령과 조국 근대화라는 스토리를 계속 접하게 되었지요. 많은 경우, 소년이 국가 공동체의 역사와 운명에 대해 관심을 갖게 될 즈음 자연스럽게 박정희 대통령을 접하게 되는 모양입니다. 그렇게 접한 이야기는 꽤 마음에 드는 이야기였습니다. 박정희 대통령의 조국 근대화 이야기가 얼마나 멋지고 감동적인 이야기인지 모르는 사람은 없겠지요. 머리가 굵어진 이후, 그런 이야기의 정치적 지향점과는 다른 정치적 성향을 갖게 되었지만 그 이야기가 갖는 힘에 대해서는 여전히 대단하다고 생각하고 있습니다.

이야기가 힘을 지니고 살아 있는 한 그것은 언제까지라도 현실과 섞여 세상에 영향력을 발휘할 것입니다. 사람들의 마음을 움직이고 정치를 움직이고 사회를 움직이겠지요. 이야기에는 그런 힘이 있기 때문에 세상을 두고 서로 다른 이야기들이 긴 싸움을 벌여오고 있습니다. 만화 그리는 사람이 세상을 위해 할 수 있는 일이라면 그런 이야기들의 싸움에 펜을 담그는 일이지 싶습니다.

굽시니가 우둔한 이야기에 재주 없는 그림으로 그런 역할을 허락받아 펜질을 이어가고 있음은 모두 너그러운 독자분들의 아량 덕분입니다. 그런 호의를 저버리지 않고자 합니다. 부디 제 이야기가 더 나은 세상을 만들기 위해 노력하는 이들의 이야기이기를, 그런 노력들에 대한 아주 작은 응원 한마디라도 될 수 있기를 기도드립니다.